ELOGIOS A *¿Y SI E*

«Son muchas las personas que, por temor a la muerte, no se atreven a vivir la vida en plenitud. Anita Moorjani consigue desmitificar tanto la vida como la muerte rompiendo el hechizo de nuestras creencias condicionadas y ofreciéndonos herramientas prácticas para renacer en esta vida, la que estamos viviendo ahora. Su libro liberará tu alma y te enseñará que no tienes que morir para llegar al Cielo».

Dr. JOE DISPENZA,
autor del éxito de ventas *El placebo eres tú*

«La literatura más valiosa sobre las experiencias cercanas a la muerte es algo más que una mera descripción del "más allá". Las lecciones esenciales tienen que ver, sin lugar a dudas, con vivir plenamente. En su último libro, *¿Y si esto ya es el cielo?*, Anita Moorjani aborda en profundidad algunas de las ideas más equivocadas de nuestra moderna cultura global. Y la sabiduría que esta autora está adquiriendo empodera a sus lectores y les anima a aspirar a un estado de salud y armonía mucho mayor, que se resume en que amarse a uno mismo ante los retos de la vida resulta esencial para el crecimiento de todos y cada uno de los seres humanos que poblamos la Tierra».

Dr. EBEN ALEXANDER, neurocirujano y autor
de *La prueba del Cielo* y *El mapa del Cielo*

¿Y SI ESTO YA ES EL CIELO?

Los diez mitos culturales que nos impiden
experimentar el Cielo en la Tierra

ANITA MOORJANI

Primera edición: noviembre de 2016
Primera reimpresión: abril de 2017

Título original: *What if This is Heaven?*

Traducción: Puerto Barruetabeña

Diseño de cubierta: Rafael Soria

© 2016, Anita Moorjani
Originalmente publicado en 2016 por Hay House Inc.

Publicado por acuerdo con Hay House UK Ltd,
Astley House, 33 Notting Hill Gate, London W11 3JQ, Reino Unido

De la presente edición en castellano:
© Gaia Ediciones, 2015
    Alquimia, 6 - 28933 Móstoles (Madrid) - España
    Tels.: 91 614 53 46 - 91 614 58 49
    www.alfaomega.es - E-mail: alfaomega@alfaomega.es

Depósito legal: M. 36.508-2016
I.S.B.N.: 978-84-8445-619-3

Impreso en España por:
Artes Gráficas COFÁS, S.A. - Móstoles (Madrid)

Dedicado a la memoria de Wayne Dyer:

Gracias, Wayne, por no llevarte tu música dentro de ti al morir. Seguimos oyendo tu canción en el silencio de nuestros corazones. La tuya fue una vida que seguirá tocando las vidas de otros para siempre. Tú, amigo mío, vivirás toda la eternidad.

Índice

Cuando nací en este mundo,
lo único que sabía hacer era amar, reír y brillar con una luz
                                                    [especial.
Después, cuando crecí, la gente me dijo que dejara de reír.
«Tómate la vida en serio si quieres destacar en este mundo»,
                                                    [decían.
Así que dejé de reír.
«Ten cuidado de a quién amas si no quieres que te rompan
                                        [el corazón», decían.
Así que dejé de amar.
«No brilles tanto, si no quieres llamar demasiado la atención»,
                                                    decían.
Así que dejé de brillar.
Y me volví pequeñita.
Y marchita.
Y morí.
Solo para aprender en la muerte
que todo lo que importa en la vida es amar, reír y brillar con una
luz especial.

ANITA MOORJANI

Introducción

¿**Y**SI TE DIERAS CUENTA DE REPENTE de que *esto*, esta vida física que estamos viviendo ahora mismo, es el cielo (o el nirvana)? Sé que suena a locura y que algunos estarán pensando: «Si esto es el cielo, ¿por qué a mí me parece más bien el infierno?». Entiendo a quien lo piensa, porque eso era lo que me parecía a mí también cuando me acosaban otras niñas en el colegio, se burlaban de mí y me discriminaban por el color de mi piel y por el origen de mi familia, cosas que yo no podía cambiar. Y sin duda me pareció que estaba en el infierno cuando tuve que sobrellevar un cáncer y soportar continuamente dolor y miedo durante varios años.

Pero demos por buena la hipótesis por ahora.

¿Y si mi vida parecía un infierno en esas épocas porque yo no era consciente del poder que tenía o de lo que era capaz de hacer? Hay que tener en cuenta que a ninguno de nosotros nos dan al nacer un manual de instrucciones y que a mí nunca nadie me había enseñado cómo funcionaba la vida. Para mí esta vida era una verdadera lucha, y viví llena de un miedo terrible toda mi infancia y hasta bien entrada la edad adulta. Creía que la vida nos *pasaba* y que yo era una víctima, así que solo reaccionaba ante las circunstancias de mi vida, no hacía nada por crearlas. ¿Quién se crearía una infancia de acoso escolar y discriminación que tendría como consecuencia una autoestima increíblemente baja con la que debería vivir el resto de mi vida? ¿Quién elegiría nacer mujer en una cultura que sigue creyendo que las mujeres son inferiores a los hombres? ¿Quién se crearía un cáncer en el cuerpo, un cáncer que estuvo a punto de acabar con su vida? Yo, *sin duda*, era una víctima de mis circunstancias. O eso creía… hasta que morí.

La mayor parte de la historia de mi vida la conté en mi primer libro, *Morir para ser yo*. El famoso escritor y conferenciante Wayne Dyer fue la persona que sacó mi historia a la luz pública y quien me animó a escribir ese libro. Hasta su muerte hace solo unos meses, siguió recomendando mi libro a todos los que le leían o le escuchaban. Sé que su implicación en el propósito de mi vida fue algo orquestado a nivel divino, parte de un enorme tapiz que se ha ido desvelando poco a poco. Me siento profundamente agradecida y muy honrada por todo lo que ha sucedido en mi vida como resultado de lo que hizo por mí este hombre tan maravilloso.

Cuando escribí mi primer libro, no creía que llegaría más adelante un segundo. Pensaba: «He escrito unas memorias en las que narro mi vida y especialmente mi convivencia con el cáncer, que culminó en una experiencia cercana a la muerte o ECM. Y también he contado la sabiduría que obtuve de esa experiencia. ¿Qué más podría escribir?». Creía sinceramente que todos los elementos interesantes de mi vida ya estaban en ese libro.

Pero una de las visiones más asombrosas que tuve de mi ECM fue que esta vida, la vida que estamos viviendo ahora en la tierra, podría convertirse en un cielo para nosotros si simplemente comprendiéramos cómo funciona y lo que necesitamos hacer para conseguir que nuestra realidad se convierta en ese cielo. Una de las principales razones por las que elegí regresar a esta vida durante mi ECM fue porque entendí que el cielo es un estado y *no* un lugar, y por eso quise experimentar de primera mano el cielo que esta vida podía llegar a ser. Tenía ganas de vivir la increíble verdad de esa realidad y transformar la vida de miedo, terror y dolor que había vivido hasta entonces. Quería vivir en el cielo *aquí* y *ahora*.

Una reincorporación muy accidentada

Durante mi ECM, todo eso me pareció muy claro, muy fácil. Pero cuando intenté integrar y aplicar en mi vida esa visión que acababa de descubrir tras mi ECM, no me encontré más que obstáculos, sobre todo cada vez que intentaba conectar o interactuar con otras personas. Mi perspectiva de lo que era la realidad había cambiado drásticamente y ya no encajaba con lo que la mayoría de la gente consideraba una visión normal del mundo.

En un intento por sentir que pertenecía a la sociedad otra vez, me encontré intentando contentar a los que no me aprobaban y, si no era muy consciente y me esforzaba por evitarlo, también aceptando reprimir lo que soy o comprometiendo la mayor parte de lo que había aprendido durante mi estancia en el otro mundo por intentar ganarme su aprobación. Siempre que eso ocurría, lo que sentía era que perdía todo el poder que había encontrado en el otro mundo. Esas sensaciones magníficas de ser la creadora de mi vida y de sentirme invencible se iban erosionando, y los antiguos patrones de pensamiento y de conducta se colaban poco a poco y empañaban mi visión. Cuando yo elegía plegarme a las críticas y bailar al son de lo que decían los demás en vez de escuchar a mi corazón, resurgían el miedo a «no estar haciendo lo correcto» o la preocupación por si estaba decepcionando a los demás (estoy segura de que mucha gente se siente identificada con esto). Nuevas ansiedades se apoderaban de mí y pronto me sentía perdida y abandonada. Me daba la sensación de que tenía que elegir entre encajar aquí o crear un cielo.

Al mismo tiempo, y gracias a la notoriedad que me trajo *Morir para ser yo*, empecé a recibir una avalancha de cartas y correos electrónicos de gente que se había sentido conmovida por mi testimonio. Muchos de esos mensajes hacían que los ojos se me llenaran de lágrimas de felicidad y gratitud. Un montón de gente sentía que yo estaba contando su propia historia y que había leído en sus corazones, sus mentes y sus almas.

Esa abrumadora respuesta a mi relato me resultó totalmente inesperada. No tenía ni idea de que mi historia les fuera a llegar tan profundamente a tantas personas. También tuve la gran suerte de recibir numerosas invitaciones para hablar de mi experiencia, tanto en conferencias públicas como en entrevistas de radio y televisión. Y, después de cada uno de esos compromisos, la gente siempre quería más. Tenían muchas preguntas y querían profundizar en mi historia (y en las suyas). Muchos pasaban por enfermedades o tenían seres queridos que estaban sufriendo o muriéndose, mientras que otros atravesaban malos momentos en sus relaciones o tenían problemas de dinero pero, totalmente inmersos en esas pruebas que les ponía la vida, querían saber más sobre cómo traer a sus vidas aquí en la tierra ese trozo de cielo que yo había experimentado.

Aunque la respuesta pública a mi libro fue muy positiva, toda esa atención me trajo un nivel de consciencia nuevo y más profundo dentro de mi propio viaje vital y se fue volviendo cada vez más importante para mí pasar tiempo a solas; así podía acallar mis pensamientos y volver al estado que había experimentado durante mi ECM: el estado de ser pura consciencia en el que notaba que todos estamos conectados. En ese estado *podía sentir* lo que sentían los demás, como si sus emociones fueran mías; sentía incluso la pena y el dolor que mi familia padeció ante la perspectiva de perderme y solo leyendo las historias que la gente compartía conmigo ya sentía el dolor de todo el mundo en mi corazón.

Todos querían que fuera a su ciudad, a su iglesia, a su áshram o incluso a su casa porque deseaban hablar conmigo. Y a mí me habría gustado ayudarlos a todos y me dolía no poder hacerlo. No importaba con cuántas personas hablara o cuántas cartas respondiera; nunca era suficiente, siempre había más que no podía responder. Yo sentía el sufrimiento de toda esa gente y, a la vez, mi propio dolor por no poder ayudarlos a todos. A veces era agobiante. Poco a poco mi felicidad empezó a consumirse y supe que no podía continuar así. La intención de mi libro era mostrarle a la gente cómo traer felicidad a sus vidas, pero ¿cómo podía traer yo felicidad al mundo si me pasaba la mayor parte del tiempo sintiendo el dolor de los demás?

Una nueva oportunidad de curación

Un día fui a mi lugar favorito, que era la playa que había junto a mi casa, me senté en la arena y miré al mar que separaba la isla donde vivía en Hong Kong del continente. Era un día nublado, así que no se veía el sol. Había ido a ese lugar porque siempre que me sentía agobiada, necesitaba sumergirme en la naturaleza. En la naturaleza, especialmente cerca del mar, podía *sentir* físicamente la increíble conexión que todos tenemos con el universo y percibir que todo funciona armoniosamente al unísono y sincronizado para formar ese inmenso tapiz que llamamos vida. No importaba cuáles fueran mis preguntas; cuando estaba en la naturaleza siempre sentía que las respuestas me llegaban mediante susurros en el viento, o el ruido del agua, o el murmullo de las ramas de los árboles y las hojas. Así que ese día, mientras estaba sentada ahí en la arena mirando el mar y el cielo, establecí una comunicación mental con el universo.

«He vuelto de la muerte, ¿y ahora qué? Esto me resulta desgarrador. ¿Cómo puedo ser de ayuda para toda esa gente, y para mí también, desde la perspectiva de este ser físico lleno de dolor? Si me hubiera quedado en el reino al que fui durante mi ECM, tal vez podría haber ayudado a un mayor número de personas. Pero ahora solo siento un gran dolor por toda la gente a la que no puedo ayudar», dije.

Me caían lágrimas por las mejillas cuando me rendí al universo, cuestionándome por qué había vuelto. ¿Por qué tenía que soportar ese dolor? ¿Y por qué estaba nuestro mundo *tan* lleno de dolor?

Y entonces oí un susurro que salía de la nada; no era una voz real, sino unas palabras que parecían confundirse entre el sonido de las olas del mar, pero que resonaban en mi corazón. «¿Cuál fue el mensaje principal que aprendiste de tu experiencia cercana a la muerte? ¿El mensaje sobre el que escribiste en tu primer libro?», preguntó ese susurro.

«Que debía quererme incondicionalmente. Y ser tan yo como pudiera. Que tenía que hacer brillar mi luz interior con toda la fuerza posible», respondí.

«Y eso es todo lo que necesitas hacer o ser. Nada más. Solo quererte incondicionalmente, siempre, y ser quien eres».

«Pero vivimos en un mundo que no apoya a la gente que piensa o siente así. Es como si este mundo fuera más un infierno que un cielo», contesté, desafiando a la voz invisible, sin dejar de mirar las olas que rompían contra las rocas en el extremo de la playa. «La gente que me rodea se enfrenta a muchos problemas todos los días y no sé cómo puedo ayudarles solamente queriéndome».

«Cuando te amas y conoces tu verdadero valor, no hay nada que no puedas hacer o curar. Y aprendiste esto cuando desafiaste a toda la ciencia médica y te curaste de un cáncer terminal. El cáncer se curó cuando tú fuiste consciente de tu valor».

Eso era cierto. Hasta que me diagnosticaron el linfoma había vivido una vida llena de miedo, pero aprender a quererme me salvó la vida. Sonaba muy simple, pero ¿por qué era tan difícil trasmitirles eso a las otras personas que estaban sufriendo? ¿Y por qué había sido tan fácil para mí abandonar esa comprensión tras haberla alcanzado?

«Es fácil perder la consciencia de nuestro verdadero poder cuando estamos rodeados de gente que no cree en ese poder y que nunca lo ha experimentado (y muchas veces puede parecer que esa gente es la mayoría de la que hay en este mundo)», oí que me respondía la voz, como si hubiera leído mis pensamientos. «Y si sigues centrada en cómo se siente o lo que quiere todo el mundo, te hundirás en el miedo una vez más. Y seguro que no quieres volver a pasar por eso.

»Recuerda que tu única tarea es quererte, valorarte y personificar la verdad de tu propio valor y tu amor hacia ti para que puedas ser puro amor en acción. Ese es el verdadero servicio: un servicio para ti y para los que te rodean. Darte cuenta de lo amada y valorada que te sentías te curó del cáncer. Y ese conocimiento es el que te ayudará a crear un cielo en la vida aquí en la tierra. Cuando te pierdes en los problemas del mundo, no le eres útil a nadie. Así que la única pregunta que necesitas hacerte cuando te sientas derrotada o perdida es: "¿En qué aspecto no me estoy queriendo? ¿Cómo puedo valorarme más?"».

Aunque eso era exactamente lo que había aprendido en mi ECM y ciertamente fue lo que me curó, lo había olvidado. Me había perdido en el dolor de los demás.

Me quedé estupefacta por la intensidad de lo que acababa de ocurrir. En ese momento me pareció que tenía la respuesta a todas las preguntas que alguna vez me había hecho. Lo que ese susurro de las olas había compartido conmigo era muy sencillo y a la vez muy profundo.

Esta experiencia también sirve para poner de manifiesto lo fácil que es para nosotros perder de vista nuestro verdadero propósito y quedarnos atrapados en la red de dramas que hemos tejido para justificar nuestra existencia. Y yo ahora entiendo que eso es lo que nos ocurre cuando nos dejamos llevar por las creencias dominantes de la cultura que nos rodea.

Noté un hormigueo que me recorría todo el cuerpo y un escalofrío que me subía por la espalda mientras seguía allí, sentada en la arena, reproduciendo las palabras una y otra vez en mi mente: «Recuerda que tu única tarea es quererte, valorarte y personificar la verdad de tu propio valor y tu amor hacia ti para que puedas ser puro amor en acción. Ese es el verdadero servicio: un servicio para ti y para los que te rodean».

Miré al mar, cerré los ojos y uní las manos sobre el corazón en un gesto de gratitud a la vez que decía: «¡Gracias! Lo he entendido». Y después me levanté y empecé a caminar de vuelta a casa.

Estaba entusiasmada por esa renovada certeza de tener un objetivo y una dirección y por la gran confianza que ahora tenía en que mi vida se iba a desarrollar de la forma que tenía que hacerlo. Me sentí rejuvenecida y conectada con el universo una vez más y en ese momento supe que, siempre que permaneciera fiel a mí misma y recordara que para recargar las pilas debía ser consciente de mi infinita conexión con el universo y tenerla presente, todo se desarrollaría de forma sincronizada.

LO QUE VOY A EXPLORAR EN ESTE LIBRO

Tras haber sentido todo el dolor que habita en tantos corazones de todo el mundo y como resultado del fuerte deseo que tengo de llevar felicidad a la vida de la gente, me sentí inspirada para escribir este libro, que es mi intento por demoler esos mitos brutales que hemos estado asumiendo hasta ahora; unos mitos que, simplemente porque son las creencias dominantes en la cultura que nos rodea, han impedido que vivamos plenamente nuestras vidas. E igual que, tras hablar con el universo aquel día sentada en la playa, yo recordé la sencilla verdad de que debo liberar mi corazón, espero que cuando tú leas las palabras que he escrito aquí, en el tuyo resuene la verdad que está en el fondo y que siempre has sabido y que llegues de esa forma a sentir la misma libertad y felicidad que yo.

Creo que todos hemos nacido sabiendo quiénes somos, pero rechazamos ese conocimiento cuando vamos creciendo e intentamos encajar y cumplir con lo que nos exige la sociedad; en definitiva, nos vemos condicionados por sus normas. Aprendemos a buscar nuestra guía fuera de nosotros y, al hacerlo, asumimos las expectativas que los demás tienen de nosotros. Después, cuando no podemos vivir en consonancia con esas expectativas externas, nos sentimos incompetentes e imperfectos.

Eso significa que, en nuestra la vida, las creencias que suponen los cimientos de nuestros valores personales *se basan en cosas que no son ciertas*. Así que no importa cuántos talleres de desarrollo personal hagamos ni cuántos libros de autoayuda leamos, porque seguimos saliendo de nosotros para encontrar las respuestas fuera. Y eso no solo no nos ayuda, sino que en realidad nos bloquea. No podremos cambiar esos patrones destructivos hasta que no rompamos con todos esos mitos y desenmascaremos las mentiras que han estado alimentando nuestros pensamientos y nuestras creencias.

En cada capítulo de este libro voy a analizar uno de esos mitos tan extendidos que la mayoría de nosotros hemos aceptado como una verdad; esos mitos son invasivos y muchas veces para nosotros resultan invisibles. Compartiré contigo historias y ejemplos extraídos de mi propia vida en los que esos mitos desempeñaron un papel importante y explicaré, a partir de mi propia experiencia, cómo descubrí que eran falsos y la verdad personal que extraje después. Al final de cada capítulo hay una sección que se llama «Vivir el cielo *aquí y ahora*» en la que resumo algunas de las posibles verdades que hay tras el mito que acabo de analizar y sugiero métodos para superar ese condicionamiento y darle la vuelta al mito en tu vida para por fin vivir desde tu propia verdad.

Si los últimos años hubieran sido fáciles, probablemente no tendría en mi interior otro libro (o al menos todavía no). Así que gracias a todos por el don de compartir vuestras vidas conmigo y por abrirme vuestros corazones y vuestras almas. Todos y cada uno de los que os habéis comunicado conmigo me habéis inspirado para escribir este libro. Todos estamos conectados y yo siento lo que vosotros sentís. Este libro es mi regalo para vosotros, de mi corazón directo al vuestro.

CAPÍTULO UNO

Mito: Tienes lo que te mereces

«SAMBO, SAMBO, NEGRITA SAMBO», canturreaban unas niñas en el patio del colegio mientras me cercaban. Se estaban burlando de mí por mi piel oscura y mi pelo encrespado; «el pequeño y negrito Sambo» era el personaje de un libro infantil que estábamos leyendo en clase: un niño del sur de la India con la piel oscura. Soportar esas burlas despiadadas era el precio que tenía que pagar por estudiar en un colegio privado británico.

Me ardía la cara de vergüenza y bochorno y mi mente de niña de ocho años estaba muy confusa, porque no sabía cómo reaccionar mientras ese círculo se cerraba a mi alrededor. «¿Por qué estarán haciendo esto? Soy así, es mi apariencia, no la puedo cambiar. ¿Y qué hago yo ahora? ¿Les grito algo yo también? ¿Intento pegarlas? ¿Se lo digo a la profesora?», me preguntaba, sintiéndome increíblemente indefensa.

Estaba atrapada, no podía escapar. No hacía más que mirar a todas partes, buscando a la profesora que vigilaba el recreo, pero cuando por fin la vi, estaba en el otro extremo del patio con un grupo que se entretenía con el juego del cordel e intentaba que la profesora jugara con ellas. No tenía ninguna oportunidad de que se diera cuenta de lo que me estaba pasando: aunque gritara, no podría oírme con todo el ruido que hacían en el patio cientos de niñas que saltaban a la cuerda y jugaban al pilla-pilla y a otros juegos. Claramente mis torturadoras se habían asegurado de estar lo bastante lejos de la profesora antes de empezar con los insultos.

Conteniendo las lágrimas como podía, eché a correr con la esperanza de romper el círculo, cada vez más pequeño. Pero cuando intenté abrirme paso a empujones, las niñas no solo no abrieron el círculo, sino que lo apretaron aún más, me agarraron de la mochila para evitar que me escapara y me fueron empujando hasta que me topé con el muro de piedra del edificio del colegio, que estaba en un extremo del patio.

Seis abusonas

En ese momento deseé que se abriera el cielo con un fuerte trueno y que uno de esos superhéroes de los programas de televisión viniera volando, me librara de esas abusonas y después me llevara volando a algún lugar seguro mientras yo me reía de ellas. Pero a esas alturas me habría conformado con algo mucho menos dramático: simplemente que alguien, cualquiera, tal vez incluso una de ellas, de repente saliera en mi defensa y se enfrentara a las otras. Mi imaginación no paraba de considerar opciones que podrían ayudarme en ese momento, pero, por desgracia, ninguna se hizo realidad.

Así que tuve que quedarme allí, con la espalda contra la pared, viendo como seis abusonas se abalanzaban sobre mí. Resultaba invisible para todos los demás excepto para ellas seis, todas mucho más altas que yo. Durante un momento pensé en darles patadas en las piernas para intentar liberarme, pero lo único que pude hacer fue apretarme cada vez más contra la pared, intentando apartarme todo lo posible. Cerré los ojos y esperé lo peor. De repente la más alta de todas, una niña que se llamaba Lynette, me cogió los tirantes de la mochila y tiró hacia arriba hasta que estuvo a punto de levantarme del suelo; llegué a quedarme

de puntillas, pero ella no dejó de tirar. Entonces me miró a los
ojos y dijo:

—Danos el dinero que tienes para la comida, Sambo.

Para entonces yo ya estaba sollozando, incapaz de controlar
las lágrimas que me caían a borbotones por las mejillas. Me sentí temblar cuando ella aflojó el tirón para que pudiera buscar en
la mochila el dinero que me había dado mi padre esa mañana
para comprarme un zumo y algo de comer en el recreo. Justo
cuando estaba a punto de darle las monedas a Lynette, sonó el
timbre. Ella me arrebató el dinero de la mano y todas las niñas
se dieron la vuelta y empezaron a correr hacia la entrada del
edificio, donde momentos después seguirían con su día como si
nada hubiera pasado. Cuando se fueron, las piernas me fallaron
y me fui deslizando hasta el suelo. Y tuve que quedarme allí un
rato, sufriendo un ataque de llanto incontrolable.

UN PEZ DE PIEL OSCURA FUERA DEL AGUA

Una niña india en un colegio británico cuando Hong Kong
era todavía una colonia de Reino Unido era una rara excepción.
Todavía recuerdo el día, al principio de ese mismo curso, en que
mi madre me llevó a la entrevista para la admisión con la direc-
tora, una mujer con una melena corta y pinta de severa. Su actitud transmitía que yo era afortunada por tener la oportunidad
de estudiar en esa augusta institución y que por eso debería mostrarme agradecida por el privilegio.

Cuando empecé a asistir, las otras niñas se burlaban de mí en
el patio llamándome no solo «Sambo, pequeña y negrita», sino
también «Golliwog» (o solo *wog*, que significa «negrita», lo que
era todavía más denigrante) por ese personaje de piel negra con
gruesos labios rojos, pelo ensortijado y ojos enormes que era muy
popular en los libros infantiles que se leían en aquella parte del

mundo. Como no me costaba mucho sacar buenas notas, también me llamaban empollona. A veces me abrían la taquilla y me robaban las cosas (por ejemplo, mis nuevos lápices de colores) solo porque les daba la gana. Cuando pasaba todo esto, yo era tan dolorosamente tímida e introvertida que nunca plantaba cara; por eso suponía además un blanco fácil.

A veces todo ese acoso me afectaba tanto que corría a esconderme en un cubículo de los baños y lloraba hasta que ya no podía más. Recuerdo también muchas noches que lloraba hasta quedarme dormida. Me sentía como si estuviera encerrada en un lugar muy profundo y muy oscuro de donde no tenía forma de escapar. A pesar de mis buenas notas, odiaba el colegio con toda mi alma.

Las burlas me mortificaban porque a mí me parecía que tener la piel oscura era algo de lo que había que avergonzarse. También estaba convencida de que tenía que haber algo malo en mí, en la forma que tenía de comportarme o en las cosas que decía, para provocar esa conducta en los demás. Pero no sabía qué era lo que estaba haciendo mal para poder cambiarlo y conseguir caerle bien por fin a los demás. Pronto empecé a creer que realmente yo *era* un desastre y que no era tan buena como las demás.

Como estaba segura de que eso era de alguna forma culpa mía, nunca hablaba de ello con nadie; ni con mis profesores, ni siquiera con mis padres. Sobre todo no quería decepcionar a mi madre y a mi padre, que pensaban que me iba muy bien en el colegio. A cierto nivel también sentía que denunciar a mis acosadoras solo serviría para que se enfadaran más conmigo y que sus ataques se recrudecieran como venganza por haber contado lo que pasaba.

Otro factor que iba en mi contra es que provengo de una cultura en la que se da la discriminación de sexo, en la que se considera que las mujeres son ciudadanos de segunda clase. Y yo era muy consciente de esa discriminación desde muy pequeña. Aunque es un factor que no tenía que ver directamente con el hecho de que sufriera acoso escolar, porque eran otras niñas las que me acosaban, ese detalle servía para reforzar mi baja autoestima en otras situaciones en las que me sentía maltratada.

La traición de Riyana

En cierto momento de ese curso, me hice amiga de otra niña india que se llamaba Riyana, que iba un curso por encima de mí. A ella también la acosaban y pronto nos hicimos íntimas amigas. Me hacía sentir muy bien tener una amiga así; por primera vez podía compartir todo lo que me estaba pasando con otra persona. Nos unimos, creyendo que podríamos enfrentarnos a las abusonas de esa forma. Nos defenderíamos la una a la otra y nos cubriríamos las espaldas.

Encontramos escondites secretos en el gran laberinto que eran los pasillos y los terrenos del colegio, lugares donde nos sentíamos seguras. Nos llevábamos las chucherías y la comida a esos lugares secretos, porque sabíamos que allí no iba a ir nadie a quitárnoslas. También íbamos la una a casa de la otra después del colegio e incluso nos quedábamos a dormir los fines de semana. Además, las dos éramos niñas poco femeninas a las que nos gustaba montar en bici, en patinete o jugar al fútbol y al críquet.

Pero un día todo cambió. Aparentemente Lynette y su banda arrinconaron a Riyana en un recreo y la amenazaron con darle una paliza. Riyana, en un momento de debilidad, les dijo que, si la dejaban en paz, les diría dónde podían encontrarme y les ayudaría a hacerme una emboscada. Me ofreció como moneda de cambio (o como chivo expiatorio, por así decirlo) para librarse de una situación complicada para ella. Lynette y sus amigas accedieron.

Es fácil imaginar mi sorpresa cuando Lynette y su banda llegaron, canturreando esa cantinela que tenían: «¡Sambo, Sambo!», a uno de mis escondites favoritos y me encontraron allí. Pero la sorpresa fue aún mayor cuando vi que Riyana estaba con ellas. En vez de mi mejor amiga que venía a ponerse de mi lado y ayudarme, era ella quien las había llevado hasta el lugar donde yo me refugiaba. Me dolió mucho que se pusiera en mi contra y su traición me resultó mucho peor que el acoso. Fue eso, más que cualquier otra cosa, lo que me hizo sentir que realmente no valía nada.

Pensándolo ahora, reconozco que ese acoso me asustaba, me afectó emocionalmente y me cambió a un nivel profundo y fundamental. Me hizo querer volverme invisible para poder hacer lo que quisiera sin que nadie se fijara en mí. Me volvió temerosa de los demás y consiguió que siempre buscara estar fuera del radar de la gente y que nunca participara en actividades que podían llamar la atención, como las obras de teatro o los órganos de gobierno estudiantil. Me vestía de forma muy poco llamativa en vez de seguir las tendencias de la moda que les gustaban a las demás. Odiaba los deportes de equipo y sabía que siempre me iba a quedar la última cuando llegara la hora de escoger. Tampoco me gustaba trabajar en grupo, porque sabía que nadie me quería en el suyo.

Aunque mi madre intentaba constantemente sacarme de mi caparazón, fui muy tímida y reservada durante la mayor parte de mi vida juvenil porque, esencialmente, sentía que nadie me podía querer y me sentía defectuosa, fea, repulsiva y despreciable. Más de una vez pensé que la única forma de salir de aquello era quitarme la vida. «¡Eso les serviría de lección!», recuerdo haber pensado cuando tenía unos trece años. La idea me parecía casi heroica, como si estuviera sacrificando mi vida por todos los niños que habían sufrido acoso alguna vez. Las autoridades seguro que responderían y tomarían cartas en el asunto, sobre todo si dejaba una nota explicando por qué había tomado esa horrible decisión. Incluso las abusonas se quedarían impresionadas, posiblemente hasta el punto de cambiar su conducta.

Pero al momento siguiente siempre pensaba en mi madre, que sabía que me quería con todo su corazón y que se quedaría destrozada si me suicidaba. Pensar en ella en esos momentos desesperados era suficiente para hacer desaparecer de mi mente cualquier pensamiento sobre quitarme la vida. Solo imaginarme durante un momento cómo le afectaría a ella mi muerte me hacía llorar a raudales, disolviendo cualquier plan antes de que llegara a tomar forma siquiera.

Ya había visto a mi madre perder a un hijo y llorar su muerte. Cuando yo tenía ocho años perdimos a mi hermano de dos, que tenía síndrome de Down y que había nacido con un agujero en el corazón. Nunca olvidaré cómo esa muerte destrozó a mis padres y cuánto tiempo necesitó mi madre para superar ese dolor. Ese recuerdo es probablemente la principal razón por la que hoy estoy aquí.

Angustia adolescente

Según fui creciendo y entrando en la pubertad, de repente empecé a querer esconder mi cuerpo en pleno cambio bajo ropa ancha y suelta para seguir sin llamar la atención. Me dejé el pelo largo porque desaparecer tras mi gruesa melena me daba sensación de seguridad y protección. Pasé por todos los años de instituto deseando principalmente que nadie se fijara nunca en mí porque creía que si no me veían, no se cebarían conmigo.

Mientras las demás salían por ahí, se apuntaban a un montón de actividades extraescolares (deportes, por ejemplo) o iban los fines de semana a acontecimientos divertidos (como bailes en el colegio), yo me quedaba en casa. No quería ir y que me marginaran. Prefería irme a casa después del colegio y pasar tiempo con mi familia o estar sola, escuchando música y leyendo. A veces nuestra familia hacía excursiones con otras familias y eso me gustaba, pero nunca le conté a nadie lo que pasaba en el colegio. Era mi vergonzoso secreto.

Pero, bueno, no todo en mi infancia fue malo; de hecho, la mayor parte de mi vida fue increíble y muy mágica, sobre todo porque en Hong Kong vivía expuesta a muchas culturas e idiomas diferentes. No cambiaría la experiencia de crecer allí por nada. Pero el daño psicológico ya estaba hecho. El temporizador de la bomba ya había empezado su cuenta atrás y esperaba para explotar en un momento posterior de mi vida.

El acoso escolar, como cualquier otro maltrato sufrido en la infancia, nos cambia de una forma profunda y fundamental. Si empieza cuando somos muy pequeños y se mantiene durante el tiempo suficiente, puede afectar permanentemente a nuestra forma de ver el mundo y a la percepción que tenemos de nosotros mismos en nuestra relación con los demás incluso mucho después de que haya terminado. Cuando es una experiencia que se produce en la primera infancia, altera las expectativas sobre cómo va a ser el resto de la vida. No sorprende por eso que me pasara los primeros años de mi vida realmente *esperando* que me rechazaran. Que permitiera que eso se perpetuara en el tiempo solo refleja lo que yo sentía sobre mí. Y esos sentimientos se quedaron conmigo durante muchos, muchos años.

Como resultado, crecí pensando que necesitaba hacer muchos esfuerzos para demostrar cualquier cosa y probar mi valía en general y que tenía que probar de alguna forma que me merecía todo lo positivo que me ocurriera. La experiencia también me volvió extremadamente sensible a las críticas negativas, que se exageraban en mi cabeza. Pero posiblemente el mayor efecto que tuvo el acoso escolar en mí fue que cada vez que alguien me dedicaba su atención positiva, yo me sentía indigna de ella, pensaba que no me la merecía; entonces mi reacción era rechazar esa atención o mostrarme demasiado agradecida por ella. En consecuencia, siempre acababa haciendo demasiado para demostrar que realmente era merecedora de esa atención positiva (a veces hasta el punto de dejar que me pisotearan).

En pocas palabras, el acoso consiguió que nunca llegara a valorarme.

Aprender la verdad sobre el amor

Sabiendo esto, es fácil imaginar mi total asombro cuando descubrí durante mi ECM que no solo me merecía que me quisieran incondicionalmente por ser yo, sino que yo *era* una preciosa, magnificente y poderosa creación del universo: alguien único, especial y valorado en todos sus aspectos. Y que no tenía que *hacer nada* para merecer eso. No tenía que sembrar ninguna semilla especial para cosechar el amor profundo y duradero que el universo me dedicaba; no necesitaba demostrar nada, conseguir nada, ni convertirme en nada. Simplemente eso era así, tan cierto como que el sol se pone al anochecer y sale de nuevo a la mañana siguiente.

Iluminada por la luz cristalina del reino cercano a la muerte, entendí que nada de lo que me había pasado en el colegio tenía que ver conmigo. Las niñas solo habían actuado obedeciendo a sus propias inseguridades, porque ellas también se sentían poco queridas e impotentes. Pero a ellas las amaba el universo tanto y tan profundamente como a mí. Ellas también eran preciosas e impresionantes, aunque, como yo, tampoco lo sabían. Habían proyectado en mí su propia infravaloración porque podían, no porque yo hubiera hecho nada para merecerlo.

Increíblemente también entendí que nada de lo que había hecho yo, ni lo que habían hecho ellas, necesitaba perdón: todas habíamos actuado por ignorancia y la culpa era de lo que nos había inculcado la sociedad, una sociedad que también había perdido la consciencia de su divinidad. Lo que experimentamos entonces, fuera bueno o malo, era parte del viaje que necesitábamos hacer para encontrar el camino de vuelta al amor incondicional.

Vivir el cielo *aquí* y *ahora*

Si «tienes lo que te mereces» es un *mito*, entonces ¿cuál es la *verdad?*

Posibles verdades que merece la pena considerar:
- No importa lo que la gente dice o piensa de los demás; todos merecemos que nos quieran incondicionalmente solo por ser quienes somos. No tenemos que ganarnos el amor: es un derecho de nacimiento que tenemos.
- En el otro reino cada uno de nosotros está reconocido como una preciosa, extraordinaria y poderosa creación del universo, como alguien único, especial y valorado en todos los aspectos.
- No importa lo que hagamos o digamos (ni tampoco que nadie más en la tierra nos quiera, aunque eso fuera verdad), porque el universo profesa un amor profundo y duradero a todos; al fin y al cabo todos estamos conectados y somos parte de un todo.

Consejos y ejercicios:
- Cuando los demás te menosprecien por cualquier razón, entiende que sus acciones son proyecciones directas de su estado personal de dolor y confusión. Por eso, recuerda que abrir tu corazón y tener compasión de ellos en su dolor (algo que *no* significa ni mucho menos aprobar su conducta) te beneficia a ti y también a los demás.
- Siempre que sientas que los demás te están haciendo la vida difícil, piensa en qué perspectiva o habilidad necesitas para llevar la situación de la mejor manera posible.

Además, debes entender que tú puedes con eso o si no el universo no te habría puesto en esa situación. Si consigues ver lo que está pasando como una oportunidad de crecimiento en vez de como una carga opresiva, lo que necesitas para superar ese obstáculo te llegará antes.

- Imagínate a las personas que te atormentan como actores en una obra de teatro y después visualiza el momento de encontrarte con ellos en la fiesta de después de la representación, un lugar donde ya no son su personaje, e intenta verlos como personalidades totalmente diferentes y llenas de amor que te saludan con un cariño genuino y te felicitan por tu actuación. Repite esa visualización a menudo y eso te permitirá ir cambiando la perspectiva que tienes de esas personas poco a poco.

- Visualízate repitiendo un incidente desagradable de tu pasado e imagínate gestionando esa situación de una forma muy diferente, desde una perspectiva más madura y más sabia, fruto de todo lo que has aprendido en tu vida y que ahora sabes. Intenta que la visualización sea lo más realista posible y asegúrate de que en ella el resultado les acabe otorgando poder a *todos*, no solo a ti.

- Aprende técnicas de *tapping* (o técnica de liberación emocional), ejercicios de respiración o de meditación para ayudarte a alejar la ansiedad y las reacciones emocionales que te mantienen anclado en el pasado, con el fin de que puedas vivir en el momento presente.

Preguntas para uno mismo:
- ¿Cuáles son los peores traumas o humillaciones que he sufrido en el pasado? ¿Qué elementos o temas tienen en común?
- ¿Es posible que otros sientan que *yo* los he convertido en víctimas a *ellos*, aunque sea de forma insignificante y ac-

cidental? Con eso en mente, ¿puedo reconocer que algún incidente doloroso de mi pasado pudo suceder sin mala intención o sin querer o que yo pude malinterpretar lo que se dijo o se hizo?

- ¿Qué necesitaría para aceptar que soy merecedor del amor incondicional del universo? ¿Qué cosa, por pequeña que sea, podría hacer para acercarme un poco más a aceptarme mejor?

Sé que soy lo que soy y está bien así y por tanto no es necesario que demuestre de ninguna forma mi propia valía cuando...

- Puedo permanecer sereno y centrado cuando los demás intentan apretarme las clavijas y alterarme (o cuando se comportan de una forma que en otro momento me provocaba una fuerte reacción emocional).
- No calculo mi valor a partir de factores externos, como por ejemplo mi apariencia o lo que he conseguido en la vida.
- Pienso menos en «lo que merezco» y más en «lo que soy»: puro amor y pura consciencia.

CAPÍTULO DOS

Mito: Quererse es egoísta

U N DÍA, MIENTRAS ESTABA SENTADA en el ferri que me llevaba del pueblo de Discovery Bay (donde vivía hasta hace poco) a Hong Kong, iba soñando despierta. Me encantaba coger el ferri; ese viaje de 23 minutos siempre se me hacía muy corto. Si podía me sentaba junto a una ventana para mirar las olas y ver pasar otros barcos o contemplaba a las gaviotas que graznaban, se lanzaban en picado, se perseguían por el cielo y atrapaban trozos de pan y otras delicias que les tiraban los pasajeros. Si hacía el viaje por la noche, admiraba la silueta nocturna de la ciudad, iluminada como uno de esos espectáculos de fuegos artificiales que son tan comunes en la multitud de fiestas y celebraciones que hay en Hong Kong a lo largo del año. Era una imagen impresionante.

Aquel día, como fui una de las primeras personas en embarcar, sabía que todavía faltaban unos diez minutos para que saliera el ferri, así que me senté en mi sitio habitual y me puse a mirar el agua mientras mi mente empezaba a vagar hasta encontrar su propia corriente de pensamiento. Salieron a la superficie recuerdos del acoso escolar que sufrí cuando era niña y de cuando me diagnosticaron el cáncer y estuve a punto de morir en febrero de 2006. Después cruzaron mi mente imágenes de cómo era mi vida en ese momento.

Pensé en que el hecho de que se burlaran de mí y me excluyeran en mi infancia me había hecho creer que era inferior y que me pasaba algo malo. Había vivido mi vida creyendo que mi etnia y el color de mi piel eran peores que otros y que por ello tenía que estar constantemente demostrándoles algo a los demás para que me aceptaran y me quisieran. Y haber nacido en una cultura en la que las mujeres se consideraban inferiores a los hombres era algo que definitivamente no me ayudaba. Teniendo todo eso en cuenta, no era nada sorprendente que hubiera crecido con la autoestima tan baja.

Aunque mis padres me querían, su cultura hindú influía en su pensamiento y determinaba sus vidas, y me trasmitieron sus creencias a mí también. Pero mi padre y mi madre pasaron su infancia en la India, donde todos compartían sus mismos valores y creencias; por el contrario, yo tuve que integrar todo eso en un contexto muy diferente, porque mis compañeros de clase eran fundamentalmente de Reino Unido y tenían un sistema de valores y creencias totalmente diferente al de mi familia.

Con los años todos esos factores fueron conformando mi identidad y la imagen que tenía de mí y ninguna de las dos acabó siendo una representación precisa o auténtica de quién era yo en realidad. Pero como la mayoría de la gente, yo muy raramente me cuestionaba mis valores y creencias fundamentales. Simplemente se habían convertido en mi verdad. Se podría decir que se volvieron parte de mi sistema operativo.

Ahora sé que todo lo que pensamos es parte de una amplia red de pensamientos, creencias e ideas que hemos ido tejiendo a lo largo de nuestra vida. En otras palabras, algo que puede parecernos un pensamiento aislado (por ejemplo uno que nos surge durante un viaje en ferri a Hong Kong) no es en absoluto una idea independiente. Todos los pensamientos son resultado de los que hemos tenido anteriormente, incluyendo las historias que nos contamos, nuestras creencias, nuestras capacidades, nuestras fortalezas, nuestras debilidades, nuestras ideas, etc. Así que incluso un pensamiento aleatorio, que aparece de repente en nuestra cabeza, en realidad está entretejido con todo lo que hemos experimentado en nuestra vida.

También soy consciente ahora de que haber actuado durante mucho tiempo obedeciendo a esa inferioridad subyacente que sentía y a esa idea de que no me merecía nada bueno supuso el origen de mi cáncer, ese cáncer que estuvo a punto de acabar con mi vida. Los médicos estaban seguros de que no iba a sobrevivir y yo los creí. Sentí su miedo y lo interioricé, convirtiéndolo en mío. Allí, en el ferri, recordé esos días en los que me quedaba en la cama muerta de miedo, pensando en esa bestia que estaba devastando mi cuerpo, días en los que temía quedarme dormida por si no llegaba a despertar…Y después me despertaba a la mañana siguiente deseando que todo eso no fuera más que un mal sueño, aunque al momento siguiente me daba cuenta de que no lo era.

Entendí que si hubiera sabido entonces lo que sé hoy, nunca habría llegado a tener cáncer. Allí sentada, enfrascada en mis pensamientos, fantaseé con retroceder en el tiempo y consolar a mi yo de nueve años. Incluso me puse a pensar en qué le diría.

Querría que supiera que era una niña muy querida, perfecta, hermosa y valorada. Querría que fuera consciente de lo crueles que pueden ser los niños y de que todo ese acoso no tenía nada que ver con ella, que no tenía nada de malo, que era maravillosa exactamente como era y que esas niñas la acosaban por culpa de sus propias inseguridades. Eran débiles, no fuertes como parecía; no actuaban así porque no le tuvieran miedo a nada: lo que pasaba era que estaban aterradas y se cebaban con ella *por eso* y no por el color de su piel, la textura de su pelo o cualquier otro motivo.

Entonces mi mente empezó a reflexionar sobre en qué punto está mi vida en este momento: sin duda es uno mucho más alegre y feliz, en el que no paro de viajar por todo el mundo para dar conferencias ante grandes audiencias acompañada de gente como Wayne Dyer, Louise Hay o Deepak Chopra. Mi vida está llena de emociones nuevas y siento que estoy sirviendo de ayuda a otros. Durante los días oscuros y deprimentes de mi infancia, cuando el mundo parecía un lugar oscuro y horrible que estaba ahí, esperando para devorarme, nunca me habría imaginado que viviría estas cosas.

Pero la verdad es que no tengo ni idea de cómo habría sido mi existencia si hubiera sabido desde el principio lo querida, valorada y magnificente que soy en realidad. Tal vez hizo falta que pasara por todo ese maltrato, ese dolor y ese miedo para que pudieran llegar a mi vida todas las cosas positivas de las que ahora soy consciente y de las que disfruto. Creo que todo lo que nos pasa en esta vida es, en última instancia, para nuestro beneficio y que solo podemos ver la verdad de nuestra realidad gracias a los contrastes; por eso tal vez el dolor, el miedo y el sufrimiento sean necesarios para comprender y apreciar lo buenos que son el amor, la aceptación, la belleza y la felicidad.

IRENE

Sea como sea, ahora estoy viviendo mi pasión. Me encanta hablar para diferentes públicos de cualquier parte del mundo y aún me sigue gustando muchísimo viajar. Bueno, excepto cruzar varias zonas horarias, que es algo que resulta físicamente agotador. De hecho, mientras estaba allí cavilando en el ferri, tuve que ahogar un bostezo consecuencia de los efectos del *jet lag* de mi último viaje. Pero una voz conocida que me llamaba por mi nombre me sacó bruscamente de mi ensoñación.

—¡Hola, Anita! ¡Qué alegría verte! ¿Me puedo sentar aquí?

La voz era de Irene, una amiga de mi barrio. Miré por la ventanilla un segundo y vi que todavía no habíamos salido del muelle, aunque a mí me daba la sensación de que había pasado mucho tiempo desde que llegué al barco. Situaciones como aquella siempre me despertaban algún recuerdo de cómo fue salir del coma en 2006. Solo estuve en coma treinta horas, pero para mí fue como si hubiera pasado en ese estado varios años.

—¡Hola, Irene! —saludé con entusiasmo—. Sí, claro, siéntate. Yo también me alegro de verte.

Aunque Irene iba vestida muy elegante, con un *top* de diseñador y unos vaqueros ceñidos, y llevaba el pelo oscuro en una melena corta muy bien peinada con un estilo moderno, su postura y su expresión facial trasmitían agotamiento. De hecho, parecía mayor de los cuarenta años que tenía. Cuando se sentó a mi lado, me preguntó cómo me iba.

—¡Me va genial! —contesté—. ¿Y a ti?

—Yo estoy bien —respondió. Pero inmediatamente se lo pensó mejor y añadió—: Bueno, la verdad es que no estoy *nada* bien. Todavía tengo problemas en el trabajo. Mi jefe está todo el día encima de mí y estoy trabajando muchísimas horas. Y mi vida familiar no es que sea mucho más fácil. Mi hija se queja de que no paso suficiente tiempo con ella y la relación con mi novio no atraviesa su mejor momento. Y todo eso me está pasando factura. Estoy exhausta.

La vida de Irene no había cambiado nada desde que la conocí. Siempre tenía problemas en el trabajo, con su hija, con sus finanzas y en sus relaciones sentimentales. Años atrás Irene y yo nos pasábamos horas hablando sobre todo lo que iba mal en nuestras vidas, nos compadecíamos mutuamente por lo hartas que estábamos y lo dura que era nuestra vida y hasta comparábamos todas las formas en que nos habíamos sacrificado por otras personas para que *los demás* pudieran tener lo que *querían*. Básicamente las dos creíamos que éramos víctimas de las circunstancias de nuestras vidas y que todos los demás eran unos egoístas, mientras que nosotras nos mostrábamos siempre altruistas y generosas. Ni por un momento creímos que nosotras teníamos algo que ver a la hora de generar esas circunstancias.

Y de repente ahí estábamos, años después, y la historia de Irene no había cambiado mucho. Algunos personajes eran diferentes, pero era la misma trama. Tengo que aclarar que mi intención en ningún momento fue juzgarla; era muy consciente de que yo podría perfectamente estar en su situación. En una vida paralela, si no hubiera pasado por lo que me tocó sufrir, yo sería como la Irene que tenía delante en ese momento. El cáncer, la muerte y la vuelta a esta vida fueron como un reinicio, algo que cambió totalmente mi carácter y mi forma de ver la vida.

—Oh, Irene, siento mucho oír que estás pasando un mal momento —dije—. ¿Cuál es el problema?

—¿Por dónde empiezo? —preguntó, sin pensárselo ni un segundo, aprovechando la más mínima la oportunidad para soltar parte de su carga.

—Empieza por algo divertido —sugerí—. ¿Qué está haciendo Natalie ahora?

Empecé preguntándole por su hija en un intento de quitarle hierro a la conversación, pensando que nada de lo que hiciera Natalie, que era una niña monísima, podría ser malo.

—¡Mejor que no empiece con Natalie! —contestó Irene—. Está en una edad en que se ha vuelto muy respondona y se pasa todo el día peleando conmigo. Es muy rebelde y siempre quiere hacer las cosas a su manera. También es muy descuidada con su ropa y no se preocupa nada por su apariencia. Me gasto dinerales en ella, pero no lo aprecia. No tiene ni idea del valor del dinero y no sabe lo que cuesta ganar lo suficiente para que pueda ir a un buen colegio, tener ropa de buena calidad, un ordenador y todo lo demás.

A Irene le encantaba vestir bien y llevar ropa de marca, y me di cuenta de que le irritaba que a su hija no le interesara eso lo más mínimo.

—¡Oh, Irene, solo tiene trece años! ¿Eso no son las cosas típicas de su edad? Sé que tal vez yo no sea la persona más indicada para decir eso, porque no tengo hijos, pero a mí Natalie me parece una niña fantástica —aseguré con la intención de animarla un poco.

—Puede parecer una buena niña, pero ese es justo el problema, que sigue actuando como una niña. Cuando yo tenía su edad era mucho más madura —continuó Irene, antes de lanzarse a explicarme los demás problemas que estaba teniendo.

Mientras escuchaba a mi amiga quejarse de su hija, su pareja, su trabajo y su situación financiera, vi en ella algo que yo antes conocía bien. Bajo todo eso que decía, Irene se sentía inútil y poco querida. Y, como la mayoría de la gente, estaba volcando esa decepción consigo misma en su hija, en su pareja y en todo lo que la rodeaba. Siempre es más fácil para nosotros culpar a los demás de nuestros fallos, nuestras frustraciones y nuestras insatisfacciones que reconocer que hay algo en nuestro interior que necesitamos curar.

AMOR PROPIO

Aunque Irene llevaba una ropa estupenda y se preocupaba mucho de su apariencia, a mí me quedó claro inmediatamente que se quería muy poco. De hecho, era muy dura consigo misma y a menudo se exigía demasiado y se sentía amargada cuando no cumplía con sus propias expectativas. Entonces sentí que esa necesidad de ir a la moda y de tener una buena apariencia nacía más de las ganas de gustarles a los demás, o de la falta de autoestima, que de un verdadero amor por ella.

Y pude ver todo eso en ella porque, después de todo, así era *yo* antes. Hasta mi ECM yo tampoco me quería. No me daba cuenta de que querernos es lo *más* importante que podemos hacer y que esa es la clave de una vida feliz. Todo eso cambió solamente cuando pude ver mi persona y mi vida desde el reino de la muerte. Desde aquel lugar privilegiado me vi a través de los ojos de lo divino y reconocí quién era en realidad, lo poderosa y especial que yo era para el universo. También vi cómo había llegado hasta aquella cama de hospital y casi hasta el punto de la extinción.

Imagínate cómo es darte cuenta de repente de que *ninguna* de tus creencias, tus valores, juicios, opiniones, inseguridades, dudas y miedos son en realidad algo *tuyo*, que ninguna de esas cosas tienen nada que ver con quien eres en realidad, que realmente no son más que las capas de filtros que has acumulado tras todas las experiencias de tu vida. Y después imagina que todas esas capas estallan y desaparecen y la verdad de quien eres queda al descubierto en toda su gloria ante tus ojos.

Eso fue lo que me pasó a mí. Cuando estaba en el otro lado, vi que quien era en realidad, sin todas esas capas y todo ese equipaje, resultó ser mucho más grande de lo que me había permitido imaginar alguna vez. Siempre me había olvidado de mí, me había puesto la última, había sentido que no merecía la pena y que nadie podía quererme. Pero en ese reino de la muerte me vi a través de los ojos de la divinidad y me di cuenta de que todo eso no era verdad, que realmente era una hija preciosa del universo y que recibía un amor incondicional *solo por existir*. Vi que era magnificente de una forma suprema y exquisita, perfecta en todos los sentidos imaginables, y creada a partir de la sustancia divina que está en la base de todo. Comprendí que realmente era un ser de luz, como lo son todos los seres humanos y también todo lo que ha existido alguna vez en el mundo natural, porque toda la naturaleza está llena de vida y toda la vida está interconectada.

Esa revelación revolucionó mi mente. Me quedé atemorizada al darme cuenta de que yo era el centro de todo, que era absolutamente esencial para el conjunto (algo que nunca antes se me había ocurrido). De repente supe que era amada y a la vez era amor, y esa revelación cambió todas mis creencias sobre mí y sobre los demás.

VOLVERSE AUTOCONSCIENTE

En aquel momento, allí sentada en el ferri, sentí que deseaba con todas mis fuerzas que Irene supiera que ella también era mucho más de lo que creía que era y que no necesitaba ser tan dura consigo misma. Estaba segura de que muchos de sus problemas desaparecerían si supiera que ella era digna de todo y que se merecía todas las alegrías que puede ofrecer la vida. Pero para que los demás la amaran, Irene tenía que sentirse capaz de ser amada y merecedora de ese amor; entonces, una vez que ella llegara a amarse, el amor de los demás llegaría automáticamente.

—Irene, ¿sabes lo guapa y lo inteligente que eres? —solté de repente, cuando mi amiga estaba en plena explicación sobre que sus padres lo daban todo por sentado con ella y la trataban a patadas.

—¿A qué ha venido eso? —preguntó, halagada pero sorprendida. Hasta ese momento su expresión había sido triste, pero al oír lo que yo había dicho se había iluminado.

—Es verdad —insistí—. No creo que seas consciente de lo increíble que eres, y por eso sientes que los demás no te ven como alguien que se merece muchas cosas. Eres preciosa y merecedora de amor y de cosas buenas, pero yo he aprendido que nosotros tenemos que saberlo y sentirlo internamente antes de poder verlo reflejado en el mundo que nos rodea.

—Para ti es fácil creer eso —rebatió—, porque a ti la vida te va muy bien. En tu caso quererte y creer que eres increíble y maravillosa no supone un problema. Pero mi vida es un desastre ahora mismo, así que es normal que esté enfadada conmigo misma. ¿Cómo ha acabado así mi vida? ¡No era esto lo que quería al principio! ¿Cómo ha podido salirme todo tan *mal?*

—Irene, se te olvida de dónde partí yo —insistí—. ¡A mí tampoco me gustaba mi situación! Pero casi me muero, ¿recuerdas? Y solo entonces me di cuenta de lo importante que era quererme y nunca jamás voy a olvidarlo. Cuando doy mis conferencias, les digo a las personas del público que se quieran como si sus vidas dependieran de ello, porque quererme fue lo que me salvó la vida. Nuestras vidas dependen *de verdad* de que nos queramos. Eso fue lo que me trajo del umbral de la muerte hasta donde estoy ahora. *Primero* tenemos que querernos y después cambiarán nuestras vidas, pero no al revés. Desde el principio hay que mostrar cómo nos queremos, para así enseñarles a los demás cómo deben tratarnos.

—Pero a mí siempre me han dicho que es *egoísta* quererte tanto que acabes poniéndote por delante de todo —respondió Irene y volvió a aparecer la expresión preocupada—. Además, tengo que pensar en mi hija. Tengo que ponerla a ella por delante y sacrificar muchas de mis necesidades por ella. Si no, ¿cómo iba a mantenerla hasta que acabe su educación y darle todas las oportunidades que necesita para no cometer los mismos errores que yo? Tengo que preocuparme por su bienestar.

Sabía que Irene se había pasado los últimos diez años trabajando muy duro, muchas veces en trabajos que no le gustaban, porque quería darle a Natalie todas las oportunidades que estuvieran a su alcance. Su hija iba a uno de los mejores colegios y la había apuntado a muchas actividades y clases extraescolares para asegurarse de que fuera bien en todas las asignaturas y sacara buenas notas. Eso era algo que obviamente suponía mucha presión para madre e hija.

—Yo no soy madre, lo sé —repuse—, pero todos tenemos madres y todos hemos sido niños. Desde mi propia experiencia te puedo decir que el mejor regalo que me podrían haber hecho mis padres era el regalo de enseñarme a quererme. Creo que cuando los padres se sacrifican y dejan sus necesidades para el final, eso es justo lo que enseñan a sus hijos. Los niños aprenden de lo que hacen sus padres, no de lo que dicen.

»Criarme en un ambiente de acoso escolar, maltrato y desesperación no me ayudó a quererme —continué—. Lo que interioricé fue todo el miedo y la negatividad que me lanzaban los demás y sentí, en el fondo de mí, no solo que tenía algo malo, sino que no me merecía que me quisieran, me valoraran y me trataran bien. Cuando llegué a la edad adulta, esas creencias fundamentales marcaron a la persona que creía que era.

»También acepté la creencia cultural de que las chicas son esencialmente inferiores, que son una carga que hay que evitar si es posible. Y, como a ti, a mí también me enseñaron que quererse mucho y ponerme por delante de los demás es egoísta. Cuando era niña, se suponía que debía dedicar mi vida a servir a otros. Sé que tú y yo no somos las únicas que lo creemos. Siempre que doy un taller, pido que levanten la mano todos los presentes a los que les enseñaron cuando eran pequeños que quererse es egoísta, y el 99 por ciento de la gente que asiste alza la mano siempre. No sé por qué eso me sigue sorprendiendo, ya que yo también soy una de ellos. Por cierto, ¿te enseñaron lo de «amar al prójimo como a ti mismo» cuando eras pequeña?

—Sí, claro que me enseñaron eso —contestó Irene—. De hecho se lo digo constantemente a Natalie, porque quiero que aprenda la importancia de tratar a los demás como deseas que te traten a ti.

—Eso está muy bien, Irene. Creo que la empatía con los demás es algo importantísimo. Pero deja que te pregunte algo más: ¿Y si no te quieres? ¿Cómo va a funcionar lo de «amar al prójimo como a ti mismo» si no te quieres a *ti*?

En ese momento fue cuando algo encajó en el cerebro de Irene. Vi que la expresión de su cara cambiaba radicalmente y que se le abrían mucho los ojos cuando comprendió el alcance de las implicaciones de lo que acababa de decir.

—Tienes razón en eso, Anita —dijo emocionada—. Eso es lo que quieres decir cuando preguntas «¿cómo puedes dar lo que no tienes?», ¿verdad?

—¡Exacto! —exclamé—. Es *imposible* querer de verdad a los demás hasta que aprendemos a amarnos incondicionalmente. El mito de que querernos es egoísta es *justo lo contrario* de lo que necesitamos creer para vivir nuestras vidas de forma plena y feliz. Por eso me parece que vivimos en el mundo al revés, donde nos enseñan lo opuesto a lo que verdaderamente nos va a ayudar en nuestras vidas. Y a los que nos topamos con la verdad, nos critican por ponerla en práctica, lo que hace que muchos tengamos miedo a admitir lo que creemos. De ahí que esa verdad se haya convertido en un secreto tan bien guardado.

Irene estaba tan atenta a lo que estaba diciendo que continué:

—Pero debes comprender que, si no me quisiera, nada más en mi vida funcionaría tan bien. La profundidad, el significado y la felicidad que hay en mi vida cada día (y la cantidad de amor, amabilidad y paciencia que tengo con los demás) es *directamente proporcional* al amor que tengo por mí. Después de todo, como acabas de decir, no podemos dar a los demás lo que no tenemos nosotros. Y es cierto igualmente que la cantidad de amor, respeto, apoyo y compasión que *recibo* de los demás también es directamente proporcional a cuánto me quiero, porque es imposible recibir si no tienes donde atesorarlo.

»Si *no* nos queremos, estamos negando la parte de Dios que se expresa a través de nosotros. Y la negamos porque estamos condicionados para creer que querernos, o peor, admitir que nos queremos, es algo terriblemente egoísta y narcisista. Pero nada más lejos de la realidad. El narcisismo nace de lo opuesto: de la falta de amor propio y la obsesión por buscar la atención de los demás para compensar el amor que no nos damos nosotros.

Después de decir esto, las dos nos quedamos sentadas en silencio durante un largo rato.

Camino a la autocuración

—Oye, se me acaba de ocurrir una cosa —exclamó Irene de repente, rompiendo el silencio—. No puede ser que no me quiera, porque me cuido mucho. Me refiero a que como sano, me gusta vestir bien y siempre me arreglo el pelo y las uñas y cosas así. ¿No significa eso que me quiero?

—Creo que es una maravilla que encuentres algo de tiempo para hacer cosas por ti y la verdad es que te admiro por ello —respondí—. Pero esas cosas no son exactamente demostraciones de amor por ti —apunté, recordando que antes de tener cáncer yo era una fanática de la salud.

De hecho era el mejor ejemplo de alguien que tiene una alimentación sana. Tenía una dieta estrictamente orgánica, solo ingería comida vegana y tomaba un zumo verde todos los días. Incluso cultivaba mi propia hierba de trigo. Me obsesionaba todo lo que iba a acabar en mi boca. Estaba todo el tiempo buscando en internet, investigando compulsivamente suplementos, alimentos saludables y los superalimentos más novedosos. Hice todo lo posible para evitar el cáncer. Pero lo tuve igualmente.

Cuando estuve en el otro reino, donde todas las capas de valores y creencias se desintegraron y vi lo que era en el fondo, aprendí que habían estado influyendo en todos mis comportamientos dos fuerzas primarias: el amor y el miedo. Una de las dos fuerzas estaba tras la mayoría de lo que había hecho; y en aquel reino pude ver claramente que me había pasado la mayor parte de mi vida siendo arrastrada por el miedo y no por el amor. Entendí, con una claridad inesperada y asombrosa, que para transformar mi vida, todo lo que dijera o hiciera a partir de entonces tenía que nacer del amor y no del miedo.

Cuando hacía todas esas cosas para estar sana, era el miedo a tener cáncer lo que me estaba provocando esa conducta obsesiva, no el amor por mí (aunque no se lo dije a Irene en ese momento, sentí que esos cuidados a los que ella aludía también surgían del miedo). Ahora, cuando decido comer sano o hacer alguna otra cosa que es buena para mí, lo hago porque me quiero y deseo vivir una vida larga y saludable. En vez de obsesionarme, lo hago de manera relajada porque mis acciones no nacen del miedo; sé que no voy a tener cáncer por disfrutar de un helado mientras contemplo el atardecer.

Para expresarlo con claridad, no creo que Irene (o cualquier otra persona, en realidad) vaya a tener cáncer porque hace las cosas por miedo (y de todas formas espero que nuestra conversación consiguiera cambiar la visión de Irene sobre el amor propio). Pero sí creo que la sociedad no nos anima a ser lo bastante autoconscientes para comprender lo que nos motiva a hacer lo que hacemos. Mucha gente cree que quererse significa negar las propias debilidades y aparentes fracasos y pasarse la vida convenciéndose de que todo lo que tienes en bueno mediante afirmaciones positivas. Pero no están entendiendo lo fundamental.

El amor propio no tiene que ver con estar continuamente alabándonos y diciéndonos lo fantásticos que somos, sino con querer al *verdadero* yo, el yo humano; a la persona que tiene los pies de arcilla, a la que le afectan las críticas y que a veces falla y decepciona a los demás. Tiene que ver con mantener un compromiso personal para estar de nuestro lado aunque nadie más lo esté.

Eso es lo que quiero decir cuando hablo de amarnos como si nuestra vida dependiera de ello, porque, en pocas palabras, sé sin sombra de duda que realmente depende de *ello*.

Vivir el cielo *aquí* y *ahora*

Si «quererse es egoísta» es un *mito*, entonces ¿cuál es la *verdad*?

Posibles verdades que merece la pena considerar:
- Como no podemos dar lo que no tenemos, querernos es absolutamente necesario para poder querer realmente a otras personas (por ejemplo, no podemos amar al prójimo como a nosotros mismos si no nos queremos primero).
- Cuanto más nos queramos, más amor tendremos para dárselo a otros, porque el amor crece exponencialmente (el amor que sentimos no se agota).
- Si todos somos expresiones de la divinidad/la energía universal/la creación, entonces *no* querernos sería lo mismo que decir que no merece la pena amar a la divinidad/ la energía universal/la creación.

Consejos y ejercicios:
- Cada día escribe en un papel cinco rasgos positivos de tu personalidad. Puede ser cualquier cosa: por ejemplo, tu manera de manejar una situación difícil o de cuidar de tu familia, un talento o una capacidad que tengas o incluso un rasgo físico que te guste. Archiva estas listas o inclúyelas en un diario para que más adelante puedas consultar lo que has escrito. Como tendemos a criticarnos demasiado, el propósito de este ejercicio es entrenar la mente para recordar nuestras cualidades positivas en vez de las negativas.
- Establece un compromiso con tu pareja o algún amigo o familiar en el que confías, una persona que sea impor-

tante para ti, para que paséis juntos cinco minutos cada día diciéndoos cosas positivas el uno al otro. Eso cura y refuerza cualquier relación y también aumenta la autoestima.

- Cuando te levantes por la mañana, mírate a los ojos en el espejo y di en voz alta: «Te quiero; nunca te voy a decepcionar, ni a abandonar ni te voy a tratar mal. Siempre voy a ser tu mejor amigo». Puedes modificar estas palabras para decir lo que a ti te funcione mejor (y repite el ejercicio todas las veces que lo necesites a lo largo del día).

Preguntas para uno mismo:
- ¿Cómo puedo quererme *más*?
- ¿Qué debería hacer ahora si me estuviera *queriendo*?
- ¿Cómo puedo transmitir a los niños y jóvenes que hay en mi vida lo importante que es para todos querernos?

Sé que me estoy queriendo cuando...
- Me permito elegir cosas que me parecen divertidas y que me producen alegría y placer, en vez de estar constantemente preguntándome por lo que van a pensar los demás.
- Dejo de sentirme culpable cuando mi vida va bien y cuando estoy feliz.
- La voz de la autocrítica ya no es la que más se oye en mi cabeza.
- Dejo de rechazar los halagos que me hacen los demás y simplemente respondo con una gratitud genuina.
- Todo lo que hago por los demás lo hago de forma libre y feliz y no por una sensación de obligación o de culpa o porque me siento manipulado por ellos.
- Reconozco que tengo derecho a ser feliz, incluso aunque la gente a mi alrededor no lo sea.

CAPÍTULO TRES

Mito: Amar incondicionalmente significa aguantarlo todo

En Hong Kong, una mañana fresca me senté delante del ordenador, ajusté el micrófono integrado en los auriculares y me preparé para recibir una llamada de un programa de radio que se emitía desde el sur de California y que quería entrevistarme en directo. Para mí eran las seis de la mañana, pero para los oyentes de California eran las tres de la tarde del día anterior. La tecnología no deja de sorprenderme; sigue pareciéndome increíble que pueda hacer una entrevista en un programa de radio que se emite en la otra punta del mundo mientras la entrevistadora y yo nos vemos en tiempo real a través de las pantallas de los ordenadores.

Aunque compartir mi historia por internet y otro tipo de medios de comunicación ya se ha convertido en parte de mi vida, estaba tan emocionada por la entrevista de esa mañana que llevaba ya una hora despierta, pero decidí quedarme tumbada en la cama a oscuras hasta que llegara la hora de levantarme. Mi mente estaba llena de pensamientos sobre lo radicalmente que había cambiado mi vida desde mi experiencia cercana a la muerte; incluso ahora se me llenan los ojos de lágrimas cuando pienso en aquel día de febrero de 2006, el que debía haber sido mi último día en la tierra.

Me embargó la emoción al recordar la sensación de estar en el otro reino y ser consciente de que tenía mucho por lo que regresar. En ese estado vi mi vida desplegándose hacia el futuro y supe de alguna forma que iba a tener un efecto sobre miles, incluso cientos de miles de personas de todo el mundo, aunque no sabía por qué ni cómo iba a ocurrir eso.

También supe que no iba a tener que hacer nada para conseguirlo, que todo se iría desplegando a su manera y siguiendo su ritmo. Desde entonces ha sido increíble ver cómo ha ido sucediendo, cómo todos las secciones del tapiz se han ido uniendo de una forma muy sorprendente hasta llegar mucho más allá de lo que yo podía imaginar.

Mientras estaba allí tumbada en la oscuridad, oía a mi marido, Danny, respirando a mi lado, todavía profundamente dormido. A veces envidio su capacidad de permanecer al margen de todo ese lío, aunque toda esta atención también ha tenido cierto impacto en él. Pasados unos minutos, me levanté con cuidado de la cama, me puse la bata de felpa y fui a la cocina a hacerme una taza de té. Llené el hervidor con agua del grifo, lo puse sobre la cocina y en pocos minutos empezó a silbar. Eché el agua sobre la fragante bolsita de té Darjeeling y la dejé a remojo.

Me senté frente a mi mesa, que se había convertido en el lugar desde donde me mantenía en contacto con el mundo, y revisé mis *emails* mientras esperaba a que empezara la entrevista. Riana, la locutora del programa de radio, me llamó justo a la hora acordada. Después de las presentaciones me dijo que se había quedado maravillada al leer mi historia y que quería que nuestra entrevista se centrara en las lecciones que había aprendido de mi ECM y cómo había afectado la experiencia a mi vida actual.

—Claro, podemos centrarnos en lo que quieras—le respondí.

Por el tono de su voz supe que iba a ser una gran entrevista. Ella no solo era muy profesional, sino que me pareció una persona auténtica y cariñosa. Supe que me iba a gustar hablar con ella y que sabría sacar lo mejor de mí.

EL VERDADERO SIGNIFICADO DEL AMOR INCONDICIONAL

Riana empezó el programa presentándome para la audiencia y después me hizo una de mis preguntas favoritas:

—En su libro menciona que una de las cosas más importantes que entendió durante su experiencia en el otro reino fue que a todos nos aman incondicionalmente y también dice que darse cuenta de esa verdad fue lo que curó su cuerpo del cáncer. ¿Puede explicarnos esa idea? ¿Qué quiere decir con que a todos nos aman incondicionalmente?

—Sí, claro, encantada de explicárselo —respondí, vaciando mi mente y volviendo a ese estado de consciencia expandida que experimenté en el otro reino. Siempre que pienso en ese estado me doy cuenta de que no es solo un recuerdo; es como si lo estuviera reviviendo. Y esta vez no fue diferente: sentí como si todos mis sentidos se vieran inmersos en ese estado de unidad y envueltos por un amor y una aceptación puros, absolutos e incondicionales—. Cada vez que hablo de ese estado tan increíble, me emociono —le confesé a Riana—. Solo pensarlo se me pone la carne de gallina. Es algo indescriptible, no se parece a nada que hubiera experimentado antes. Pero voy a intentar explicarlo con palabras. Estar en ese estado me hizo darme cuenta de que no tenía que *hacer* nada para que me amaran, que solo por existir ya me amaban incondicionalmente. De hecho, incluso la palabra *incondicional* me parece superflua, porque el amor, por definición, es algo incondicional. «Amor condicional» es un oxímoron, una contradicción en sí misma; en cuanto le ponemos condiciones al amor se convierte en algo totalmente diferente.

Miraba fijamente la imagen de Riana en la pantalla del ordenador mientras hablaba y vi que ella también tenía toda su atención puesta en mí. Cuando continué, me acerqué un poco al monitor.

—Cuando entramos en un estado de consciencia más allá del cuerpo, lo sabemos todo. Lo entendemos —precisé—. Y la claridad es asombrosa, no se puede comparar con nada que podamos imaginar aquí, en el mundo físico. Es como despertarse de un sueño profundo tras una pesadilla compleja y aterradora y que entonces te inunde el alivio porque todo ha sido solo un sueño. Así me sentí cuando me desperté en el otro reino y me di cuenta de que yo no era mi cuerpo enfermo.

—Parece una experiencia muy intensa —intervino Riana—. De hecho debió serlo, porque darse cuenta de que la amaban incondicionalmente fue lo que curó su cáncer… Tengo que decirle que me están entrando montones de mensajes de nuestros oyentes. Tengo aquí uno en el que alguien pide que nos hable un poco más del amor incondicional y de qué lo diferencia del amor que sentimos por nuestros seres queridos, nuestras mascotas y nuestra familia.

—Eso sería como comparar la luz tenue y fría de una luciérnaga con la luz cegadora y ardiente del sol —respondí—. Cuando brilla el sol, nos llega un calor y una luz gloriosos que nos envuelven completamente con su resplandor. Es incondicional. El sol no elige a quién darle su calor y su luz y a quién no; simplemente *está ahí*. Todo el mundo obtiene su fulgor, su calor y su luz cuando se expone a él. Y el sol nunca deja de brillar. No lo vemos todo el tiempo por la rotación de la tierra, pero nunca desaparece; cuando nosotros estamos lejos del sol, lo está recibiendo alguien del otro lado de la tierra.

»Por otro lado, la luz concentrada de la luciérnaga tiene mucho menos poder y es más selectiva, más condicional. Tienes que estar en la línea de visión directa de la luciérnaga para ver su luz, e incluso en ese caso es fácil no percibirlo. Es algo bello también, a su manera, pero muy reducido si lo comparamos con el sol. Hay que centrarse totalmente en la luciérnaga, esforzarse por seguir sus revoloteos si se quiere seguir viendo su luz. Eso es lo que el amor terrenal parece en comparación con el amor incondicional y absoluto del otro reino.

»Algo que aprendí en mi ECM es que el amor incondicional es un estado del ser, no una emoción. Eso significa que no tiene opuesto. El amor humano es una emoción y, como todas las demás emociones, es parte de una dualidad. Una emoción opuesta, como el miedo o el odio, la equilibra. Pero el amor incondicional solo *está* ahí. No es una cara de la moneda, es *la moneda completa*.

—Qué manera más ilustrativa de explicarlo —respondió Riana sonriendo—. No puedo ni imaginarme lo increíble que debió de ser experimentar ese tipo de amor y aceptación que no dependen de lo que alguien haya hecho en el pasado. Tiene que ser un poco abrumador...

—Lo *fue*, muy abrumador —reconocí—. Incluso ahora todavía no puedo ni pensar en ese estado sin que se me llenen los ojos de lágrimas e incluso lleguen a caer. Realmente no hay nada aquí en este reino físico que se pueda comparar con eso.

—¡Qué maravilla! —contestó Riana—. Creo que ese amor incondicional del que habla es algo que todos querríamos experimentar. Suena increíblemente impresionante.

EL PAPEL DEL AMOR PROPIO

—Ah, tengo una pregunta muy interesante que a mí también me ha surgido —dijo a continuación, mientras leía un *email* que había enviado un oyente—. Una mujer nos pregunta cómo puede amar incondicionalmente a alguien que le hace daño y que no la trata bien. Dice que su novio no le da la importancia que merece, incluso aunque ella intenta quererle incondicionalmente aceptando todo lo que él hace y dándole cada vez más amor. Pero su relación no mejora. Dice que eso del «amor incondicional» a ella no le funciona.

Al oír eso, sonreí.

—Me encanta esa pregunta, porque pensar que amar a los demás incondicionalmente significa permitirles que te traten como les dé la gana es algo que me encuentro mucho en las cartas que me escribe la gente, pero supone un gran error de concepto. El verdadero amor incondicional empieza con uno mismo. Por eso es por lo que no dejo de hablar de la importancia del amor a uno mismo. Cuando te quieres, nunca permitirás que alguien te utilice o te trate mal.

»Si los valores de las personas que queremos van en contra de los nuestros, necesitamos querernos lo suficiente para dejar la relación sin resentimiento ni animosidad, en vez de quedarnos para continuar con algo que puede resultar destructivo para el alma.

»Cuando das el paso de dejar atrás una relación que es dañina para tu alma, normalmente sucede una de estas dos cosas: una posibilidad es que cuando tu pareja se da cuenta de que vas a salir de su vida porque no toleras que te trate así, si valora la relación, cambie de comportamiento. Y la otra posibilidad es que decida no hacer nada y tú la dejes; al hacerlo te estarás abriendo a que llegue a tu vida otra persona, alguien que te ame y te valore por quién eres, no por quien quiere que seas.

»Quiero añadir que el verdadero y auténtico amor incondicional significa querer para los demás lo que ellos quieren para sí, independientemente de si eso va en contra de lo que queremos para nosotros en la relación. Necesitamos dejar libres a nuestras parejas para que sean quienes son, no esperar que se adapten para encajar en nuestras ideas de quienes queremos que sean. La verdadera prueba es preguntarnos: «¿Esta relación fomenta la libertad o las ataduras?». Y al dar la respuesta tenemos que ser sinceros con nosotros mismos. Las relaciones que se basan en el amor incondicional son liberadoras. Esas parejas están juntas porque eligen estarlo, no porque se sienten atrapadas.

—Absolutamente cierto —exclamó Riana—. Pero ¿podría decirme cómo son las relaciones cuando de verdad llegamos a expresar amor incondicional? Danny y usted parecen tener ese tipo de relación y tengo curiosidad por saber cómo funciona y por qué.

—Qué pregunta más bonita. En primer lugar, tiene razón: Danny y yo *tenemos* una relación basada en el amor incondicional. Eso no significa que *siempre* sea todo de color de rosa ni que no se nos presenten problemas; lo que quiere decir es que nos permitimos el uno al otro ser quienes somos en realidad.

»Por ejemplo, los dos somos muy diferentes en cuanto a lo que necesitamos, lo que queremos y la forma que tenemos de ver la vida. A Danny le encanta la tecnología y los aparatitos; también le gusta fumarse un puro de vez en cuando; prefiere estar en casa delante del ordenador que salir; no le gustan los dulces, pero sí comerse una pizza de *pepperoni* o una hamburguesa doble con queso mientras ve en la tele series como *Battlestar Galactica* o *NCIS*. Por el contrario, a mí me encantan el chocolate y los postres; soy una fetichista de los zapatos y los bolsos; nunca tengo suficiente perfume ni bastantes chales bordados; prefiero la comida vegetariana; me gusta escuchar música suave y tranquila; me encanta estar fuera en la naturaleza, sobre todo sentada junto al mar escuchando las olas, y soy capaz de echarme a llorar viendo una bonita puesta de sol. Obviamente tantas diferencias causan desacuerdos de vez en cuando, pero nosotros no tenemos demasiados, aunque pasamos mucho tiempo juntos y nos separamos muy pocas veces. Lo que pasa es que ninguno de los dos ha intentado cambiar al otro. Simplemente nos tenemos el respeto que merecemos y estamos encantados con nuestras diferencias. También aprendemos mucho el uno del otro; ambos hemos crecido y cambiado gracias a lo que hemos ido aprendiendo en nuestra relación.

»En una relación madura hay una aceptación pura de *los dos* y por *ambas partes* —añadí—. Y, paradójicamente, cuando hay aceptación, normalmente no hay razón para dejar una relación, ni siquiera aunque las dos partes no compartan los mismos valores.

»Danny y yo acordamos unas cuantas cosas fundamentales y no negociables desde el principio. Por muy molestos que estemos, acordamos que nunca le íbamos a retirar la palabra al otro; en otras palabras, los canales de comunicación siempre tienen que estar abiertos. También decidimos que nunca nos iríamos a la cama enfadados el uno con el otro, algo que hemos cumplido en los veinte años que llevamos de matrimonio. Y no por obligación, sino por amor. Ninguno de los dos quiere que sea de otra forma.

»Últimamente, tras mi experiencia en el otro lado, Danny y yo nos abrazamos todas las mañanas nada más despertarnos y nos decimos "te quiero" antes de empezar el día.

»Dos personas muy diferentes pueden amarse y coexistir muy felizmente si se aceptan completamente el uno al otro y acuerdan no juzgarse. Los problemas solo surgen cuando uno de los dos (o ambos), intenta imponerle sus valores y sus preferencias al otro y lo juzga de forma negativa. En muchas relaciones una parte de la pareja tiene miedo porque piensa que si pierde el control que cree tener sobre la relación, perderá también a su pareja, así que se aferra con todas sus fuerzas y utiliza la manipulación y el control. En ese tipo de relación no hay amor y, previsiblemente, la persona que necesita controlar acaba apartando a su compañero. Mientras que en una relación en la que hay amor incondicional, dos personas están juntas porque *quieren* estarlo, no porque sienten que *tienen* que hacerlo. En estos tiempos muchas parejas permanecen juntas, tanto si se quieren como si no, porque hay un contrato matrimonial. Espero que algún día seamos lo bastante maduros para mantener relaciones sentimentales solo por elección, no por miedo, obligación o manipulación.

—Unos consejos muy útiles —comentó Riana—. Hacia ahí deberían ir las relaciones del futuro. Con las altas tasas de divorcio que vemos, creo que hay que reflexionar seriamente sobre el concepto que tenemos del matrimonio y las relaciones.

»Me gustaría hablar más con usted sobre este tema, pero ahora tenemos que pasar un momento a publicidad. Cuando volvamos me gustaría que nos contara cómo era su relación de pareja antes de su experiencia cercana a la muerte y cuánto ha cambiado después. Sigan escuchándonos, queridos oyentes. Volvemos dentro de un momento con más preguntas para Anita Moorjani...

Mientras escuchaba la música de la cortinilla que Riana puso para la transición entre el programa y la publicidad, volví mentalmente al estado emocional en el que estaba antes de la ECM y pensé en cuánto había cambiado desde entonces. En aquel momento vivía ahogada por un miedo innecesario; tenía miedo de *todo*, incluso de acontecimientos futuros que era muy poco probable que llegaran a ocurrir. Mi imaginación siempre abrazaba la peor de las posibilidades en todas las situaciones, e inevitablemente se me pasaban por la cabeza terribles sucesos que seguro que estaban esperando para sucederme cuando menos me lo esperara.

Todavía tengo ansiedades y pensamientos catastrofistas de vez en cuando, pero nada parecido a lo que era antes de la ECM. Y además ahora sé cómo gestionarlos. No juzgo los miedos ni la ansiedad, ni tampoco intento apartarlos a la fuerza o criticarme por sentirlos; solo los acepto y, poco a poco, simplemente se pasan.

En ese momento oí el ruido del agua corriendo y me di cuenta de que Danny estaba en la cocina, haciéndose una taza de café. Él sabía que me estaban entrevistando en directo, así que al levantarse había pasado por detrás de mí hacia la cocina sin hacer ningún ruido. Eso se le da muy bien.

—¡Buenos días, cariño! —dije en voz alta.

—¡Ah, veo que estás en la publicidad! —contestó Danny—. ¿Quieres otro té?

—¡Sí, gracias! —respondí.

De hecho, gracias a Danny tengo acceso a la tecnología que me permite hacer entrevistas como esa desde mi salón, porque él siempre se preocupa de tener los mejores equipos. La noche anterior me lo dejó todo preparado y ajustó los niveles de sonido para que estuviera listo para funcionar a la hora establecida. Los que me entrevistan muchas veces elogian la calidad de sonido de mi equipo y yo siempre les digo que es gracias a que mi marido es un entendido en temas de tecnología.

La publicidad acabó rápido y entró de nuevo la música de la cortinilla, justo cuando Danny vino a traerme otra taza de té.

—Hola de nuevo a todos —saludó Riana alegremente—. Hoy estamos hablando con Anita Moorjani, autora de *Morir para ser yo*. Hola otra vez, Anita. Bien, ¿por qué no hablamos ahora de tu relación antes de tu experiencia cercana a la muerte? ¿Cómo era todo antes de que aprendieras que te amaban incondicionalmente y que te merecías recibir todo ese amor?

Amar a un nuevo nivel

—Para ser sincera, Danny siempre me ha demostrado mucho amor —contesté—, pero antes de conocerlo había tenido relaciones en las que me habían tratado muy *mal*. Aunque nunca sufrí maltrato físico, sí lo sufrí mental y emocional. Soportaba muchas cosas porque no quería perder la relación. Antes creía que era mejor estar en una relación, aunque fuera una mala, que estar soltera. Cargaba con toda la responsabilidad de lo que estaba mal y pensaba que era yo la que tenía que arreglarlo.

—Seguro que hay muchas personas escuchándonos, sobre todo mujeres, que se sentirán identificadas con eso —comentó Riana—. ¿Por qué no nos da algunos ejemplos?

—Bueno, una vez pillé a un hombre con el que estaba saliendo, un hombre que ya me había pedido que me casara con él, por cierto, enrollándose con una de mis amigas. Pero le perdoné porque la idea del matrimonio era muy importante para mí entonces. Y aquello sin duda habría acabado en desastre, como se pueden imaginar. En otra relación, el hombre con el que salía me dejó muy claro que después de la boda yo tenía que ser una esposa de las que se quedaban en casa; esperaba siempre que yo fuera la que cocinara para él, incluso cuando estábamos saliendo, y quería que su madre me enseñara a hacer sus platos favoritos. Y estuve soportando eso durante mucho tiempo, aunque estaba segura de que no era lo que yo quería. No dejaba de decirme que tenía que haber algo malo en mi cabeza para que no quisiera ser una esposa de las que se quedan en casa.

—¿Y cómo conoció a Danny? —preguntó Riana.

—Conocí a Danny cuando estaba saliendo con uno de esos hombres que no me trataban bien. Salí con una amiga una noche y él estaba en el sitio al que fuimos. Cuando nuestras miradas se encontraron, fue como si nos conociéramos desde hacía mucho tiempo. Era diferente de todos los hombres que había conocido y al principio no estaba segura de si iba a ser capaz de escuchar a mis sentimientos. Había tenido tantas malas experiencias, que cuando Danny me llamó después y quedamos, no me presenté, porque estaba saliendo con otra persona, aunque ese otro hombre no me trataba bien.

»Pero Danny siguió persiguiéndome, diciéndome que me "reconocía", como si me conociera de otra vida o algo así, y me preguntó si yo no había sentido lo mismo también. Y *sí* que lo había sentido, pero no tenía valor suficiente para interrumpir la relación que tenía.

»Por suerte, Danny fue muy paciente y con el tiempo yo por fin me di cuenta de que él era el indicado para mí. Estar con él era como volver a casa. En muchos aspectos me salvó: me salvó de mí y del tipo de persona con la que habría acabado casándome.

—¡Oh, qué suerte! Parece una persona estupenda —intervino Riana—. ¿Pero ha cambiado su relación desde su experiencia cercana a la muerte?

—Sí, sin duda —contesté—. Antes sentía que tenía que estar siempre haciendo cosas para demostrarle a Danny que me merecía su amor. Aunque *él* nunca me hizo sentir así; era *yo* quien lo necesitaba. La comunidad en la que me crié me etiquetaba como una mujer muy complicada: había huido de un matrimonio concertado, algo que es un tabú enorme en mi cultura, y era independiente. Así que a sus ojos yo era rebelde, estaba demasiado aferrada a mis ideas y tenía mi propia visión de las cosas; en otras palabras, tenía unos defectos enormes y no tenía arreglo. Y eso era lo que yo creía de mí también. Así que siempre pensaba: «¿Cómo va alguien a querer a una persona como yo?». Ni se me ocurrió que Danny pudiera quererme por quién era y que no tenía que esforzarme para que siguiera queriéndome. Eso era demasiado fácil, ¿no? Así que hacía todo lo que se me ocurría para intentar estar a la altura de la imagen de la esposa perfecta (una imagen que solo estaba en mi cabeza) para demostrarle que me merecía su amor.

»Solo después de mi ECM me di cuenta de que ya merecía ese amor y que no tenía que esforzarme por lograrlo. Tras darme cuenta de eso, las cosas cambiaron mucho. Ya teníamos una buena relación, pero a partir de entonces pasó de buena a estupenda.

»Me di cuenta de que no solo me había pasado la vida *no queriéndome* incondicionalmente, sino que, al hacerlo, el mensaje que estaba enviando era que no merecía que me quisieran y eso era lo que no había permitido que *otros* lo hicieran.

»Y darme cuenta de eso transformó mi relación con Danny, porque me sentí liberada para ser yo de verdad y no quien yo creía que Danny quería que fuera. Y en cuanto empecé a ser así, nuestra relación se volvió muy fácil y divertida. Y como conseguí *aceptarme* sin sentir que tenía que cambiar, también fui capaz de aceptar completamente a Danny sin necesitar que *él* cambiara. Y descubrí que, cuanto más me aceptaba, menos me juzgaba y como resultado también juzgaba menos a Danny.

»De repente la energía empezó a intercambiarse entre los dos con gran facilidad y se notaba que fluía de una forma muy natural. Visto desde fuera, probablemente la diferencia más evidente entre cómo éramos antes y cómo somos ahora es que nos reímos mucho. Muchísimo en realidad. Nos reímos juntos y no nos cuesta nada reírnos de nosotros mismos y de lo que los demás dirían que son nuestros defectos, aunque a nosotros no nos gusta esa palabra y los llamamos «nuestras cosas humanas».

»Otra cosa que se ve al mirarnos desde fuera es que nunca nos criticamos el uno al otro. Nunca. Y deliberada y conscientemente nos decimos con frecuencia lo que nos gusta del otro.

—Eso sí que es llevar una relación de forma inteligente —exclamó Riana—. Tienen una forma muy sabia de ver la vida.

—No creo que Danny y yo seamos más inteligentes o que nos queramos más que otras parejas —contesté—. Pero cuando miro a mi alrededor, veo a mucha gente que lucha todo el tiempo por mantener la unión en sus relaciones; ocurre incluso con gente que es muy generosa a la hora de ofrecer su amor a los demás. Personalmente creo que la base de ese problema es la falta de amor por uno mismo o la sensación de no merecer que te quieran. Cuando sentimos que no nos merecemos recibir amor, nos volvemos incapaces de recibirlo y acabamos dando sin parar, dándonos por completo hasta que no nos queda nada. Entonces empezamos a esperar que los que nos rodean, esas personas a las que les hemos estado dando todo el tiempo, nos paguen con la misma moneda y nos ayuden a recuperarlo. Y si ese amor y esa atención no llegan inmediatamente, nos irrita que ellos no estén ahí para nosotros cuando los necesitamos; siempre estuvimos ahí para ellos, nos decimos, ¿por qué no están para nosotros también ahora? Así es cómo se construyen las relaciones disfuncionales.

—Muy interesante —contestó Riana—. Hemos disfrutado muchísimo de esta entrevista, Anita, pero por desgracia nos quedamos sin tiempo. Aunque antes de despedirnos me gustaría que habláramos de una cosa que no se ha mencionado todavía. ¿Qué piensa del servicio? Me refiero a la cualidad de darse a los demás. ¿Cómo encaja algo así en su visión?

El servicio como forma de amor incondicional

—El servicio nos sale de manera natural, como una parte más de lo que somos, cuando nos permitimos expresar verdaderamente nuestro yo auténtico desde el fondo de nuestro ser —respondí—. En cierto momento yo servía porque sentía que era lo que «debía» hacer y porque era «lo correcto». Ese tipo de servicio sale de la cabeza, no del corazón. Viene de un sentimiento de obligación o de deber y puede dejarnos sin energía si lo hacemos durante mucho tiempo. Creemos que estamos haciendo el bien, pero no se nos ocurre que al hacer un servicio por obligación estamos siendo desleales tanto con nosotros, que somos los que prestamos el servicio, como con su receptor. Si no sale desde el amor, el receptor lo sabrá y se sentirá en deuda con el que le presta el servicio y así todo se convierte en un ciclo muy insano.

»El verdadero servicio nace en el corazón y nos sale natural-
mente cuando nos permitimos ser quienes somos, así que no
existe ni la más mínima sensación de obligación. Cuando realmente *servimos*, no *realizamos* un servicio. En ese punto el servicio deja de ser una pesada carga: nos parece algo que no nos
cuesta, algo divertido, una alegría que nos da satisfacciones a
nosotros y a la gente que beneficiamos. Ahora mismo yo no pienso en hacer un servicio u otro, sino que tengo la sensación de que
sirvo de forma natural, sin pensarlo siquiera, solo con ser yo.

»De hecho, ese servicio auténtico es una consecuencia natural del amor incondicional del que estábamos hablando hace un
momento. Cuando conectamos con esa sensación de sentirnos amados incondicionalmente, estamos mejor capacitados para
amarnos incondicionalmente a nosotros y a los demás, y queremos compartir esa sensación de amor tan expansiva en cualquier
momento y situación.

—Fabuloso, Anita —dijo Riana cuando el reloj ya se acercaba
a la hora de finalización—. Ha sido un programa interesantísimo.
Gracias por participar con nosotros hoy con esta entrevista. Estoy segura de que mucha gente se ha beneficiado enormemente
de oír lo que has compartido con todos nosotros. ¿Quieres decir
algo antes de terminar?

—Solo que me gustaría que todo el mundo se riera más —
añadí—. Sé que suena un poco a sermón, pero siento la necesidad de decirlo. Tendemos a tomarnos la espiritualidad demasiado en serio y eso le quita mucha diversión a la vida. El acto más
espiritual que se puede hacer es ser uno mismo, amarse y amar
nuestra vida. Y la mejor forma de hacerlo es divertirse y reírse.
No hay que preocuparse por «intentar» ser más espiritual. Todos
somos ya todo lo espirituales que podemos ser. Todos somos
perfectos como somos ahora mismo. ¡Celebrémoslo!

Después de darnos las gracias mutuamente y de que le dijera
a Riana que me había encantado estar en su programa, ella se

despidió y su voz se desvaneció entre la música de la cortinilla (esta vez un suave *jazz* instrumental). Oí las señales horarias, pulsé el botón para finalizar la llamada en la pantalla del ordenador y me quité los auriculares.

Me sentía llena de energía, totalmente despierta y lista para afrontar el resto del día. Volví a pensar en lo sencillo que es el concepto del amor incondicional... y lo complicado que lo hacemos nosotros. En el plano físico, vemos el amor como una emoción, algo que sentimos por algunas personas y no por otras. Pero la verdad es que el amor incondicional es un estado del ser y un derecho de nacimiento que todos tenemos. Cuando entendemos eso, nos damos cuenta de que es algo que tiene el poder de transformar y mejorar increíblemente nuestras relaciones, incluyendo la que tenemos con nosotros mismos.

Vivir el cielo *aquí* y *ahora*

Si «amar a alguien incondicionalmente significa permitirle que te trate como le dé la gana» es un *mito*, ¿cuál es la *verdad*?

Posibles verdades que merece la pena considerar:
- No podrás amar a otra persona incondicionalmente hasta que te quieras a ti de esa forma. Y cuando verdaderamente logres eso, nunca más vas a permitir que nadie te utilice o te trate mal.
- Una relación que no implique una aceptación total de las dos personas por ambas partes no puede ser beneficiosa.
- El auténtico amor incondicional significa querer para el otro lo que esa persona quiere para sí y permitirle ser quién es en realidad (aunque eso signifique tener que dejarlo libre), no esperar que la otra persona cambie para encajar en nuestras ideas de quien queremos que sea.
- Las relaciones que se basan en el amor incondicional son liberadoras, porque esas parejas eligen estar juntas, no permanecen unidas porque se sienten atrapadas por el miedo, la obligación o la manipulación.

Consejos y ejercicios:
- Ten en cuenta que cuanto más te *aceptes* completamente y te *ames* sin juicios, más podrás amar y aceptar a tu pareja *sin* necesitar que cambie.
- Debes resistir la necesidad de dar para recibir. Comprende que dar es algo totalmente altruista y no puede implicar ninguna expectativa.

- Cuando los demás no te traten bien o piensen mal de ti, entiende que sus pensamientos y acciones dicen más de *ellos* que de *ti*. No importa lo que afirme otra persona o lo mucho que insista: tú *no* eres responsable de su conducta o de sus sentimientos.

Preguntas para uno mismo:
- ¿Esta relación es un apoyo para los dos o tengo la sensación de estar atado?
- ¿Siento que no me queda nada que dar en esta relación, que siempre estoy dando más de lo que recibo? Si es así, ¿qué me hace seguir con este desequilibrio y continuar dando o por qué continúo con la relación?
- ¿Me siento a menudo decepcionado o incluso resentido porque siento que merezco amor, aceptación o apoyo a cambio de lo que les doy a los demás y no simplemente porque es un derecho de nacimiento que tengo? ¿Qué haría falta para que me sintiera merecedor de recibir amor y apoyo sin tener que dar cierta cantidad de antemano?
- ¿Mi pareja siempre tiene la última palabra y, básicamente, mantiene el control y me manipula? ¿Alguna vez he identificado equivocadamente esa manipulación con verdadero amor? ¿Me siento merecedor de una relación en la que los dos tengan un control similar y respeto mutuo?
- ¿Espero que mi pareja y mis seres queridos encajen en un molde que he diseñado para ellos, en vez de aceptar quienes son en realidad? ¿Cuánto limitan esas expectativas la relación con ellos y me retienen a la hora de lograr el crecimiento espiritual?

Sé que estoy experimentando verdadero amor incondicional cuando...

- Me alegro de verdad por los demás cuando descubren cosas nuevas sobre ellos y crecen espiritualmente; no me siento amenazado por ello ni me preocupo por cómo me va a afectar.

- Mi relación con mi pareja nos proporciona a ambos la libertad de ser quienes somos en realidad, y ambos nos apoyamos totalmente a la hora de llevar a cabo lo que nos hace realmente felices.

- Acepto que unas veces yo daré más y otras recibiré más, pero en general mi relación tiene un equilibrio saludable entre dar y recibir.

Capítulo cuatro

Mito: Si yo no estoy bien, tú tampoco

U N DÍA, CUANDO ESTABA HACIENDO unos recados en el distrito financiero del centro de Hong Kong, me encontré por casualidad con una antigua colega con la que antes pasaba mucho tiempo, Victoria. Nuestras vidas habían tomado direcciones diferentes y llevaba bastante tiempo sin verla. Mientras charlábamos amistosamente y nos poníamos al día, me sentí realmente encantada de que nuestros caminos se hubieran cruzado de nuevo.

—¿Adónde ibas? —pregunté con la esperanza de que fuéramos en la misma dirección para poder continuar la conversación.

—Voy a ver a Jen Tai —contestó—. ¿Por qué no te vienes conmigo?

Jen Tai es una profesional de la medicina china a cuya consulta iba Victoria desde hacía años para tratar los diferentes problemas de salud que tuviera en cada momento (aunque muchas veces no iba por nada en particular).

—Eh… No, gracias —dije—. Últimamente me encuentro genial.

Cuando lo dije, no pude evitar sonreír. Era muy cierto que me sentía genial, incluso mejor que antes de enfermar. La verdad es que nunca había estado más sana físicamente.

—¿Sabes? Creo que todos esos vuelos que coges últimamente no son buenos para tu cuerpo —comentó Victoria con preocupación—. Y las conferencias deben de ser agotadoras... ¿No haces nada para contrarrestar los efectos de todo eso? Te vendría bien ir a ver a Jen Tai otra vez para que te ayudara.

Sabía que la intención de Victoria era buena y que a Jen Tai se le daba muy bien lo que hacía, pero creía que en ese momento no necesitaba ir a ver a ningún profesional de la medicina (de ningún tipo de medicina).

—Ya tomo unas hierbas chinas que me dan mucha energía —respondí— y con eso tengo suficiente.

Antes de que cada una se fuera por su lado le agradecí a Victoria su preocupación, le di un abrazo cariñoso y le prometí que estaríamos en contacto.

Ahora sé que no me conviene volver a empezar a ir con Victoria a ningún tipo de profesional de la medicina alternativa. Igual que mi amiga, yo me he pasado la mayor parte de mi vida pensando que algo en mí iba mal y que necesitaba arreglarlo. Creía que para mejorar mi salud física y emocional necesitaba supervisión constante, además de la intervención de varios expertos. Nunca se me ocurrió que solo creer que necesitaba «arreglarme» o «mejorarme» tendría el efecto *opuesto* en realidad y que eso me causaría todo tipo de problemas, incluyendo el de provocarme miedo, inseguridad y vulnerabilidad. De hecho, estoy segura de que todos esos sentimientos contribuyeron a que desarrollara el cáncer. Solo tras estar a punto de morir y después volver a este plano, aprendí que realmente ya hemos nacido con *todos* los recursos que podemos necesitar. De hecho, haber regresado después de estar al borde de la muerte me hizo sentirme invencible durante bastante tiempo.

Pero una experiencia anterior con Victoria me hizo darme cuenta de lo fácil que es conseguir que esa sensación de invencibilidad se erosione y volver en un abrir y cerrar de ojos al antiguo patrón de pensamiento en el que estaba convencida de que necesitaba arreglo. Para muchos de nosotros esas creencias son especialmente corrosivas si también las comparte un grupo de gente cercana o la cultura que nos rodea; eso fue lo que me pasó a mí.

Todo empezó unos años atrás, poco después de curarme del cáncer, cuando iba con frecuencia a visitar a Victoria a su casa. Cada vez que entraba allí me llegaba un olor a algo medicinal que salía de la cocina, donde ella siempre estaba preparando alguna infusión de hierbas. Jen Tai tenía a Victoria continuamente abastecida de tónicos, hierbas chinas, infusiones curativas y demás. Recuerdo que me llamaron la atención esos preparados y quise ir con Victoria a ver a Jen Tai, más que nada por curiosidad.

Aunque me sentía totalmente curada del cáncer y muy sana, estaba pasando por una época estresante, porque Danny y yo acabábamos de mudarnos a una casa nueva y estábamos inmersos en grandes cambios en nuestra vida profesional. Eso fue antes de empezar a escribir mi primer libro, cuando no tenía ni idea de por dónde iba a ir mi vida. Un día me encontré con Victoria en la tienda de comestibles del barrio y ella me preguntó qué tal me encontraba; seguramente parecía muy cansada.

—Me encuentro muy bien —respondí—. Solo estoy un poco cansada tras la mudanza y además acabo de aceptar un nuevo proyecto en el trabajo.

—*Sí* que pareces cansada —dijo Victoria—. Y tú precisamente deberías saber que el estrés no es bueno para tu cuerpo. ¿Estás haciendo algo para contrarrestar los efectos? Me refiero a si estás tomando algún remedio o si visitas a algún profesional de la medicina alternativa o algo así.

—No, solo intento descansar mucho —respondí—. Necesito dormir un poco, nada más. Seguro que así me recupero.

—Deberías cuidarte más —aconsejó muy rotunda—. No vaya a ser que te vuelva a salir el cáncer. Alguien que ha estado tan enferma como tú necesita cuidarse mucho.

—Bueno, yo creo que alguien que se ha curado de un cáncer tan rápidamente como yo tiene cierta idea de la capacidad de recuperación del cuerpo —respondí con una sonrisa pícara.

—No deberías estar tan segura —fue la respuesta de Victoria—. Nunca se sabe. Puede que la próxima vez no te vaya tan bien.

Así era Victoria: directa y brutalmente sincera en sus opiniones y sentimientos. No lo reconocí en aquel momento, pero pensándolo ahora me doy cuenta de que solo estaba proyectando en mí sus propios miedos.

—Me da la sensación de que probablemente con ese nuevo proyecto de trabajo del que hablas vas a dormir todavía *menos* —continuó—. Te estás agotando y creo que necesitas algo que te ayude a reponer la energía. Yo veo regularmente a una especialista en medicina china, porque mi trabajo es muy estresante, y la verdad es que hace magia conmigo. No podría con todo sin ella.

Cuando Victoria dijo eso, yo sentí en mi interior que algo no encajaba. En aquel momento no supe identificarlo, pero más tarde me di cuenta de que, aunque Victoria creía que yendo a ver a Jen Tai regularmente para aliviar el estrés que le producía su trabajo se estaba preocupando por su bienestar, a mí me daba la sensación de que estaba intentando abordar el problema desde el punto de vista equivocado.

Cuando me preocupo por mi bienestar, no acepto frecuentemente una gran cantidad de un trabajo tan estresante que después me va a obligar a recurrir a ayuda para recuperarme de él (o al menos intento que mi vida no sea así todo el tiempo). Está claro que de vez en cuando rebaso mis límites, y, cuando eso ocurre, recurro a algún tipo de ayuda: o voy a ver a un especialista de medicina alternativa como Jen Tai, o a darme un masaje, o hago un tratamiento en un *spa* para ayudar a mi cuerpo a relajarse. Pero no se trata de una rutina que haya introducido en mi vida cotidiana. Lo que intento es estar pendiente de mis emociones y me preocupo de hacer un trabajo que me eleve el espíritu (un trabajo que refleje quién soy y que disfrute tanto que ni siquiera parezca trabajo), para no necesitar una forma de aliviar el estrés continuamente.

—Jen Tai utiliza métodos totalmente naturales, con hierbas y otros remedios, para aumentar la vitalidad —siguió diciendo Victoria, que todavía intentaba convencerme—. ¿Por qué no te vienes conmigo la próxima vez que vaya a verla?

—Hum… No sé —contesté—. Creo que voy a intentar primero asentarme en mi nueva casa. La clínica de Jen Tai está un poco lejos. Por ahora no quiero añadir más cosas a mi agenda, que ya está bastante llena.

La duda se cuela

—Oh, creo que *de verdad* merecería la pena que le hicieras un hueco. Después de todo, lo primero es cuidarse —replicó Victoria, utilizando intencionadamente mi propia filosofía para apoyar su argumento—. Y Jen Tai hace magia, te lo aseguro. ¿Sabes cuánta gente va a su clínica? ¡Tiene cola en la puerta! ¿Te acuerdas de Deirdre del Women in Business Club? Pues va a ver a Jen Tai continuamente. Tenía unos problemas de salud y Jen Tai la ayudó. Deirdre dice que le salvó la vida y ahora va a verla regularmente, sin perderse ni una cita. Y lleva años así. Querrás hacer lo que haga falta para conservar tu salud, ¿no?

«Puede que Victoria tenga razón», pensé. Sabía que Jen Tai tenía grandes habilidades y claro que quería estar sana. «No me va a hacer ningún daño ir una vez para ver qué me dice Jen Tai. Tal vez me recomiende algún tónico que me ayude a recuperar un poco la energía que me falta. Eso no puede ser malo, ¿no?».

—Bueno, está bien —contesté alegremente—. Supongo que tienes razón. Jen Tai tiene mucha experiencia y será divertido ir contigo alguna vez.

Pero en el fondo no estaba segura. Las palabras que acababa de decir me sonaron falsas. No me había preocupado hasta entonces del estrés temporal que estaba soportando; estaba segura de que cuando acabara la mudanza volvería a estar bien. Me notaba muy contenta por la dirección que estaba tomando mi vida. Tras haber estado tan cerca de la muerte había aprendido que no era bueno para mí aceptar nada que no me pareciera divertido o adecuado para mí y todavía no se me había olvidado ese compromiso. Lo que me había resultado estresante en la última época era que no había tenido tiempo para dar mis paseos habituales por la naturaleza ni para las visitas diarias a la playa. Por eso estaba convencida de que todo volvería a estar bien en cuanto me estableciera en mi nueva casa, sobre todo porque esta estaba al lado del mar y eso me encantaba.

—No puedes venir solo una vez. Esto no funciona así —contestó Victoria, implacable—. Tienes que establecer un compromiso. Es la única forma de ayudar a tu cuerpo a largo plazo. Ten en cuenta que los años no pasan en balde y que si no empiezas a hacer algo ya, las cosas solo se van a poner peor.

—Creo que no me puedo comprometer a hacer un tratamiento largo ahora mismo —contesté sintiendo una punzada de miedo al ver la reacción de Victoria—. Tengo demasiadas cosas entre manos.

—Tienes que poner tu salud por delante de tu trabajo. Tú deberías saberlo mejor que nadie.

Aunque no lo reconocí en ese momento, pensándolo ahora veo que una vez más que Victoria estaba proyectando *sus* miedos en *mí*. Ese era el apoyo que *ella* necesitaría si estuviera en mi situación. Pero a mí introducir un régimen fijo como ese en mi vida, solo me iba a producir más estrés del que tenía. Aun así las duras palabras de Victoria tuvieron el efecto deseado. La idea de que pudiera reaparecer el cáncer si no hacía *todo* lo posible por mantener mi buena salud me disparó los niveles de ansiedad y ya fue imposible para mí ver la situación con claridad. Sentía cómo iba perdiendo toda mi confianza según iba avanzando nuestra conversación. Me estaba arrastrando con ella.

—La verdad es que lo he estado pensando últimamente —confesó Victoria—. Me preguntaba cómo lo ibas llevando, cómo conseguías integrarte de nuevo en la vida normal. Me refiero a vivir en una ciudad en la que todo va tan acelerado como en Hong Kong, que puede ser muy estresante, y después de tener un cáncer en *estadio cuatro*...

—Bueno, la verdad es que me encanta mi trabajo, pero también paso mucho tiempo haciendo otras cosas divertidas, porque para mí es muy importante disfrutar de la vida —contesté—. A veces el trabajo es muy estresante e incluso abrumador, pero normalmente lo llevo bastante bien.

—Ten cuidado de no agotarte y volver al ciclo de intentar estar ahí para todo el mundo otra vez —me advirtió Victoria—. No me gusta estar diciendo esto todo el tiempo, pero después de lo que has pasado, tú precisamente tendrías que cuidar mucho tu salud.

INMERSA EN EL TORBELLINO

No dejaba de darme vueltas en la cabeza la idea de que quizás Victoria tenía razón. Tal vez estaba más exhausta de lo que creía. Era posible que hubiera algo ocurriendo en lo más profundo de mi cuerpo; seguramente el hecho de haber tenido cáncer me volvía más vulnerable. Victoria parecía verdaderamente preocupada por mi bienestar; por eso no me di cuenta en ese momento de que era una forma de expresar sus miedos y que yo estaba empezando a interiorizar sus ansiedades como si fueran mías.

Mi confianza en mi propia capacidad para saber lo que era bueno para mí empezó a desvanecerse y solo oía en mi mente un susurro: «¿Y si tiene razón? Sí que estoy gastando mucha energía en el trabajo, todo el tiempo conociendo a gente nueva, entregando todo lo que tengo cuando me lo piden y estando ahí para la gente que me necesita. Me encanta lo que hago, pero sería horrible agotarme tanto que mi sistema inmunitario se viera debilitado. Debo tener cuidado o mi cáncer puede volver. Y no quiero pasar por eso otra vez, sin duda. Tal vez realmente necesite ir a ver a Jen Tai. Si de verdad me importa mi salud, debería hacer todo lo necesario para conservarla. Al menos es una profesional naturópata y eso tiene que ser algo bueno».

Un miedo casi imperceptible estaba colándose lentamente en mi mente e instalándose allí. Empecé a sentir que perdía esa sensación de poder, esa *seguridad* sobre lo que es adecuado y está bien para mí y sobre la capacidad innata de mi cuerpo para comunicarse conmigo sin la intervención constante de fuentes externas. De repente me sentí agotada y muy estresada. Por culpa de esa ansiedad, que aumentaba por momentos, me olvidé de que lo único que necesitaba hacer era escuchar a mi cuerpo, como aprendí cuando estuve a punto de morir y como llevaba haciendo los últimos años desde que me curé del cáncer.

Solo tenía que seguir estando en contacto conmigo, viendo lo que me pedía el cuerpo sin dejar que nadie más me dijera lo que el necesitaba. Después de todo, lo que me curó de un cáncer en fase terminal fue ese conocimiento interno, esa brújula interior. Pero durante esa conversación con Victoria lo único en lo que podía pensar era: «Tal vez tenga razón. Tal vez debería escuchar lo que me dice».

LA MEDICINA HERBAL

Durante toda esa tarde, mientras iba de acá para allá por las atestadas calles del centro de Hong Kong, ocupada con un montón de recados, esa corriente subyacente de miedo permaneció conmigo. Intenté librarme de ella centrando mi atención en otras cosas. Rebusqué por los mercados callejeros y me paré en varios puestos para regalarme la vista, y el alma, con todo tipo de caramelos de colores, juguetes, especias, carnes, bolsos y blusas; estaba en medio de un verdadero caleidoscopio, no solo de colores, sino también de sonidos, texturas y olores.

Pero era incapaz de sumergirme por completo en la experiencia. En alguna parte de mi cerebro ese miedo me susurraba, machacándome, y mi atención no dejaba de volver a lo que había dicho Victoria, a pesar de todos mis intentos por desviarla.

A la semana siguiente, como esa sensación que me perseguía no había desaparecido, cogí el teléfono y llamé a Victoria. El miedo parecía seguirme allá adonde fuera, hiciera lo que hiciera, incluso cuando intentaba divertirme. Le dije a Victoria que me gustaría acompañarla la próxima vez que fuera a ver a Jen Tai. Victoria dijo que casualmente iba al día siguiente, así que quedamos para ir juntas.

A la mañana siguiente nos encontramos en el embarcadero del ferri, antes de subir al barco que iba a la isla de Hong Kong. Cuando nos bajamos del ferri, subimos unas escaleras hasta el paso elevado que cruzaba por encima de una autopista de seis carriles que había siguiendo la línea de la costa. Desde ahí se veía todo el puerto y hasta la isla de Lan Tau, donde vivía yo. Los ferris cruzaban la bahía como bichitos que nadaran por un estanque.

Bajamos del paso elevado por el otro lado y nos metimos en una callejuela donde llenaba el aire el olor familiar a brochetas de pescado con curry. Cuando doblamos una esquina, estuve a punto de chocar con el vendedor, que llevaba un carrito con una gran cacerola de curry hirviendo, llena de bolitas de pescado que sacaba de una en una y las ensartaba en una brocheta para vendérselas a los clientes que pasaban por allí. Me sentí tentada de comprar una, pero Victoria parecía tener prisa, así que me apresuré a seguirla y me prometí que lo haría cuando volviera a pasar por allí.

Cruzamos otra calle, pasamos un mercado de carne y verdura fresca y llegamos a una parada de tranvía. Estaba casi sin aliento por la caminata tan rápida y me senté en un banco a descansar. Pero esperamos solo unos tres minutos hasta que apareció el tranvía; nos subimos y fuimos a la parte delantera, donde encontramos dos sitios vacíos juntos.

JEN TAI

La clínica de Jen Tai estaba en la parte antigua de Hong Kong, a bastante distancia de los edificios altos y los rascacielos del distrito financiero del centro, así que sabíamos que nos esperaba un viaje largo. Sentadas en los duros asientos de madera alternábamos los ratos de conversación con los de mirar por la ventanilla. El tranvía fue cruzando calles estrechas y dejando atrás multitud de estilos arquitectónicos, carteles muy coloridos escritos en cantonés y oleadas de gente que se cruzaba de camino a vivir las aventuras de su vida. Me encantaba ir en tranvía; me recordaba a mi infancia. Y ese día me alegraba de que fuera lento y que hiciera muchas paradas, porque ya me estaba poniendo un poco nerviosa por conocer a Jen Tai y por lo que me diría o haría. Intenté distraerme con las vistas y los sonidos que había al otro lado de la ventanilla del tranvía, fijándome en cualquier cosa que hiciera viajar a mi mente a un lugar más positivo.

Vi a un grupo de niños jugando al fútbol en la calle con una pelota hecha de trapos atados fuertemente con una cuerda. Me maravillé de su destreza física dándole patadas a la pelota y pasándosela a los otros niños mientras esquivaba todo el tiempo coches, peatones y bicicletas. Pero contemplar a esos potenciales Pelés no consiguió calmar mi ansiedad.

Cuando por fin nos bajamos del tranvía, Victoria me llevó hasta un edificio bajo con ventanas con arcos. La clínica de Jen Tai estaba en la segunda planta y, como el edificio no tenía ascensor, tuvimos que subir unas cuantas escaleras oscuras y estrechas que crujían y cedían bajo nuestro peso. Pronto empezamos a percibir el olor de las infusiones de hierbas chinas, que nos atrajo hacia un largo pasillo, para por fin cruzar una puerta de madera también con un arco. Me quedé hipnotizada mirando las paredes, que estaban cubiertas por tarros y más tarros de todos los tipos de hierbas y medicinas imaginables: cuernos de ciervo, caballitos de mar, infusión de diente de león y muchas más.

Nos sentamos en los bancos de madera colocados en perfectas hileras en los que la gente aguardaba su turno para entrar y hablar con Jen Tai. Yo me revolví un poco en el asiento; no estaba muy segura de dónde me había metido. Estudié todos los botes de las paredes, preguntándome qué magia contendrían.

—Aquí hay gente de todo Hong Kong esperando para ver a Jen Tai —susurró Victoria.

Estaba claro que a Jen Tai no le faltaban clientes, aunque no cogía citas; era simplemente entrar y esperar. Cuando por fin llegó nuestro turno, una señora muy pequeñita con una cara muy amable y dulce sacó la cabeza tras una puerta de madera y nos invitó a entrar en cantonés.

Cuando entramos en la sala en la que trabajaba Jen Tai, vi que tenía el pelo canoso recogido en la nuca con un moño muy apretado. Llevaba ropa de seda cómoda y suelta. Me gustó inmediatamente y me sentí mucho más relajada al verla. Me sonrió y me preguntó si sabía hablar cantonés. Cuando le respondí en su lengua materna, su sonrisa creció y sus ojos brillaron.

Victoria empezó a contarle a Jen Tai mi historia con el cáncer y que últimamente había estado estresada por el trabajo y la mudanza. Según iba hablando, vi que en la cara de Jen Tai empezaba a aparecer una mezcla de horror, empatía y miedo. La verdad es que esperaba que Victoria no le contara todo eso, porque quería que Jen Tai me tratara sin tener ninguna impresión preconcebida.

Jen Tai me pidió que sacara la lengua y la estudió. Después me miró los ojos, las manos, me tocó las palmas y me tomó el pulso. Me pidió que me tumbara en una especie de camilla y me puso los dedos en unos cuantos puntos de acupresión diferentes por todo el cuerpo. La expresión de preocupación no había abandonado su cara. Cogió una bolsa de tela de un armario que había al lado de la camilla y de ella sacó un aparato negro con forma de cuerno y la superficie redondeada. Apretó el lado redondeado del instrumento en el centro de mi pecho y la sensación fue como si estuviera intentando sacar hasta la última gota de aire de mis pulmones. Me pidió que me volviera y apretó el instrumento contra mi espalda.

—Estoy haciendo que el *chi* que tienes bloqueado en el pecho se mueva y circule —explicó. Cuando terminó de tocarme y apretarme ciertos lugares, me miró con una amabilidad genuina y dijo—: Necesitarás venir tres veces a la semana.

Después me prescribió una serie de hierbas y remedios chinos; con algunos tenía que hacer infusiones y tomármelas varias veces al días. Como tenía un historial de cáncer, me dijo, quería darme todo lo que el cuerpo pudiera necesitar para que no volviera a enfermar. Confiaba plenamente en sus buenas intenciones, pero cuando me dijo que tenía que ir tres veces a la semana, sentí inmediatamente una bola de estrés que empezaba a crecer en mi estómago. Su clínica estaba muy lejos de mi casa y todavía tenía mucho que hacer con la mudanza, además de los proyectos de trabajo que se me acumulaban.

«¿Cómo voy a encontrar tiempo para venir tres veces a la semana? Eso aparte del rato que me va a llevar la preparación del régimen diario de infusiones y pociones que me ha puesto», pensé.

Le pregunté si, tomando estrictamente las medicinas, no sería posible que fuera una vez a la semana. Le expliqué que necesitaba mucho tiempo para llegar hasta su clínica y después volver, aparte de que no había forma de saber cuánto tendría que esperar allí cada día.

—Eso ya queda a su criterio —respondió Jen Tai—, pero si su salud es importante para usted, lo mejor sería que viniera más a menudo. Cuantas más veces venga para el tratamiento, mejor se sentirá.

—¿Durante cuánto tiempo? —pregunté.

—Le sugiero que lo integre en su rutina semanal. Sería muy beneficioso que lo hiciera, de ahora en adelante y para siempre —afirmó rechazando cualquier posibilidad de que pudiera haber un final para todo aquello—. Considérelo un cambio de hábitos.

Hierbas y especias

«¿De verdad tengo que venir durante el resto de mis días?», pensé con una gran sensación de pánico. Aunque no me gustaba oír eso, sabía que Jen Tai no estaba intentando manipularme deliberadamente; de verdad creía que lo que decía era lo mejor y quería ayudarme a prevenir que volviera a aparecer el cáncer. No podía esperar que ella supiera que lo peor que podía hacer por mí era sugerirme que me pasara el resto de mi vida esforzándome por mantener a raya el cáncer. Centrarme tanto en ello tenía justo el efecto contrario, porque me mantenía bloqueada en el paradigma del «miedo al cáncer», justo donde estaba antes incluso de tener la enfermedad.

Desde entonces he aprendido que lo más saludable que puedo hacer es centrarme en lo que me trae felicidad, en seguir mis pasiones y hacer elecciones desde un lugar de amor y no de miedo. Pero en esa situación me olvidé temporalmente de ello y me vi arrastrada una vez más al mundo del miedo y la enfermedad. Esa experiencia me estaba devolviendo a mi antigua creencia de que mi cuerpo no tenía la sabiduría suficiente para cuidarse y por eso yo tenía que hacer intentos constantes por mejorarme y buscar la intervención de expertos externos.

Jen Tai escribió unas cuantas palabras en un trozo de papel, arrancó la hoja y me la dio, señalando hacia la habitación que había al lado. Siguiendo la dirección que me había indicado, llegué a una sala en la que había un hombre sentado tras un largo mostrador de madera, más o menos del tamaño de una mesa de comedor, mezclando pociones, al que le di el trozo de papel que Jen Tai había llenado de letras chinas. Sonrió y asintió.

Después se puso a pesar en una balanza de mano una selección de hierbas secas que sacaba de varios tarros y llenó varias bolsas de plástico con ellas. Algunos ingredientes parecían semillas, otros cortezas de árboles y otros daban la sensación de ser fruta seca y hojas de té. Cada bolsa contenía medicina para un día, que debía hervirse y dejar reposar en el agua cuatro horas antes de tomársela. Cuando acabó me dio tres bolsas: las medicinas para tres días. Obviamente Jen Tai esperaba que volviera pasado ese tiempo. Como no estaba segura de poder volver hasta allí tan pronto, le dije que si podía llevarme unas cuantas bolsas más. Le sorprendió mi cantonés y me mostró una gran sonrisa. Después tuvimos una animada conversación, en la que los dos acabamos sonriendo e incluso riendo. Me dio siete bolsas de ingredientes de la poción medicinal, además de un tarro de píldoras, y me dijo que me tomara cuatro cada día.

Cuando Victoria acabó su consulta y recogió sus bolsas, las dos pagamos los remedios y la visita, volvimos a bajar por las escaleras estrechas y salimos a la calle a buscar la parada de tranvía más cercana.

—¿Cómo es que te ha dado tantas bolsas? —me preguntó Victoria, mirando los siete paquetes de hierbas medicinales.

—Porque no sé si voy a poder venir tres veces a la semana

—reconocí—, pero no quiero dejar de tomar estas cosas aunque no pueda venir.

—No creo que sea una buena idea que te pierdas las visitas —me regañó Victoria—. De verdad que los resultados de Jen Tai son mágicos. ¿No has visto cuánta gente está ahí esperando para verla? Si es tan popular, lo que hace tiene que ser impresionante.

—Sí, supongo que tienes razón —contesté, aunque seguía sintiendo que algo no estaba bien.

Aun así quería darle una oportunidad, porque a mí también me gustaba Jen Tai y quería aprovechar su sabiduría.

Recuperar mi poder

Esa noche hice mi poción. La fragancia de las hierbas llenó nuestra casa e incluso escapó por la puerta principal. Cuando Danny llegó, me preguntó qué estaba cocinando; pensó que estaba haciendo algún tipo de sopa exótica china. Le enseñé el cazo con las hierbas reposando y le conté mi aventura con Victoria.

Durante los tres días siguientes me bebí mis pociones y me tomé las píldoras. Victoria me llamó al tercer día y me preguntó si quería volver a ver a Jen Tai con ella. Acepté su invitación y las dos volvimos a hacer el viaje en ferri y tranvía juntas. Y fui con ella una vez más tres días después y otras tres veces la semana siguiente. Jen Tai volvió a ser muy amable y se mostró contenta de verme.

Después empecé a estar muy ocupada con mi nuevo proyecto de trabajo. Llegar hasta la clínica de Jen Tai me costaba mucho y me parecía un estrés añadido innecesario (y eso era muy irónico, teniendo en cuenta que la idea era aliviarme el cansancio, no empeorármelo). Además, estaba emocionada con el nuevo proyecto y quería sumergirme totalmente en él. Así que cuando Victoria me llamó para ir de nuevo a la visita con Jen Tai, le dije que no podía ir.

—Me encuentro bien ya —dije alegremente—. Solo quiero centrarme en las cosas que quiero hacer con mi vida y pasar más tiempo en mi nueva casa.

Había empezado a sentir que mi vida giraba alrededor de las visitas a Jen Tai y me pesaban las cuatro horas o más que tenía que invertir en ir y volver, aparte del tiempo que me llevaba preparar las pociones; un tiempo que prefería dedicar a escuchar música, a leer, a dar un paseo por la playa o a relajarme sin más.

Por mucho que Victoria y Jen Tai insistieran en que cuanto más fuera, mejor me sentiría, me estaba ocurriendo justo lo contrario. Cuanto más iba a ver a Jen Tai, más tenía la sensación de que me estaba perdiendo alguna otra cosa que me apetecía más hacer. Aunque le había dicho a Victoria que me encontraba mejor, la verdad era que me sentía *peor* que antes de empezar con esa rutina. También creía que era por eso por lo que Jen Tai no había notado ninguna mejoría en mi situación de estrés: esas visitas me estaban cansando y provocándome más estrés. Estaban teniendo el efecto opuesto del que se suponía que debían tener. Pero las palabras de Victoria y de Jen Tai todavía desencadenaban una reacción de miedo que hacía que me resultara difícil dejar de ir.

—No creo que sea aconsejable que te saltes las visitas. ¡Pero si te está ayudando mucho! —exclamó Victoria con un tono alarmado.

«¿Y si a mí me parece que no necesito ayuda?», estuve a punto de decir, pero me mordí la lengua.

—Pero Victoria, ¿durante cuánto tiempo? —fue lo que respondí—. Ha dicho que quiere que vaya durante mucho tiempo. No quiero invertir tantas horas de mi vida en eso. Aparte de que me va a costar un montón de dinero.

—Anita, tú precisamente deberías saber que la salud no se puede cuantificar en dinero —replicó Victoria—. Además, Jen Tai es una persona muy ética. Podría cobrarte más por lo que hace si quisiera, pero no lo hace. Lleva mucho tiempo manteniendo sus precios. Llevo años yendo allí, igual que muchos de sus clientes. Todos la recomiendan y dicen que les parece que hace milagros. Cuando trabaja contigo, ella siente lo que tu cuerpo necesita.

—Sí, Jen Tai es muy amable y muy empática. Lo reconozco. Pero ¿qué harías si estuvieras de viaje y no pudieras ir a las visitas? ¿O si decides irte de Hong Kong y vivir en otro sitio? —pregunté.

—Eso me preocupa a veces —admitió Victoria—. Me siento fatal cuando no puedo ir por alguna razón. Y genial cuando voy regularmente y tomo todas las medicinas. A eso me refiero. Está claro que me ayuda.

Aunque seguía sintiendo que todo eso no encajaba conmigo, no quería discutir con Victoria. Respetaba que creyera en Jen Tai y no quería poner en cuestión sus creencias; sé por experiencia que, cuando invertimos mucho en esas creencias, podemos acabar sintiendo mucho miedo si otros las desacreditan (a menos que esas creencias perdidas se reemplacen por una posibilidad nueva que te proporcione un mayor poder). Sentía que estaba en una situación en la que no podía ganar de ninguna forma: si dejaba de ir, tal vez no estuviera haciendo lo mejor para mi cuerpo y mi salud, pero si seguía yendo, seguiría sintiéndome frustrada, estresada e incluso me volvería peligrosamente dependiente de Jen Tai.

Victoria le había cedido todo su poder y la idea de no ir a verla para seguir su tratamiento le producía miedo. Parecía creer que su cuerpo no tenía la sabiduría necesaria para mantener la salud sin una intervención continua y constante. Aunque no lo estaba viendo entonces, la verdad era que yo también estaba empezando a perder mi poder personal y cediéndoselo a Jen Tai.

Rebelión

Esa noche decidí pasar más tiempo a solas en meditación silenciosa. Necesitaba reconectar conmigo y oír lo que tenía dentro y que podía guiarme. Me puse ropa cómoda, encendí velas, calenté un poco mis aceites de aromaterapia favoritos, puse música suave y después me senté en unos cojines mirando al mar. La música tuvo un efecto hipnótico en mí, igual que la maravillosa fragancia de los aceites. Seguí mirando fijamente al agua mientras me relajaba completamente, dejando que todos los pensamientos me abandonaran.

He aprendido que si me centro en algo vasto, como el mar, sin prestar atención a ningún pensamiento suelto que intente colarse, tras un rato entro en un estado profundo en el que de repente todo está claro. Sin el ruido externo, mi sabio ser interior puede comunicarse conmigo y ya no hay mensajes confusos ni erróneos. Las emociones son intensas, similares a las que sentí durante la experiencia cercana a la muerte, y a veces incluso noto una sensación física similar.

Esa noche, tras pasar veinte minutos mirando por las puertas cristaleras que daban al balcón, de repente alcancé ese estado de claridad. Empezó con una sensación física a la altura de la garganta, una especie de cosquilleo. Entendí que era la forma que tenía mi cuerpo de anunciarme que en ese momento no estaba expresando mi verdad. Empecé a dirigir mi consciencia hacia el interior de la zona de la garganta para ver qué salía. Al centrarme ahí, pregunté si había algún mensaje para mí y varios pensamientos fueron llegando en oleadas: «No necesito depender de fuentes externas que me digan dónde está mi bienestar. No necesito cederle mi poder a Jen Tai. Cuanto más poder cedo, más alimento la creencia de que hay algo malo en mí en lo fundamental y que tengo que confiar en los demás para que tomen decisiones por mí. No necesito dejar el poder de tomar decisiones sobre mi salud en manos de otra persona».

Todas esas verdades llegaron como un torrente, como si se hubiera abierto la compuerta de una presa. Siempre sé cuando estoy oyendo una verdad que viene de mi guía interior, porque todo el miedo desaparece y lo reemplaza una sensación de felicidad y ligereza. Y eso era exactamente lo que sentía en ese momento.

Me di cuenta de que cuanto más creía que Jen Tai tenía el poder de curarme, más débil me volvía. Y esa debilidad me llevaba a creer que necesitaba todavía más ayuda. No niego que a veces necesitemos ayuda de los demás, sean médicos alopáticos, practicantes de la medicina alternativa o incluso curanderos energéticos; después de todo yo recibí muchos consejos y tratamientos tanto de médicos convencionales como de curanderos ayurvédicos cuando tuve cáncer. La diferencia era que antes yo buscaba ansiosamente su ayuda porque me parecía lo correcto en ese momento; no iba a verlos porque estuviera dejando que me manipularan y proyectaran sus miedos en mí otros, personas que pensaban que sabían mejor que yo lo que necesitaba (incluso aunque sus intenciones fueran buenas y sus motivos puros). Fue mi decisión y entonces me pareció lo correcto.

No estoy diciendo, por supuesto, que Jen Tai y otros profesionales de la medicina tradicional china no sean útiles y valiosos. Lo son, sin duda. Respeto mucho a esos profesionales y sus tratamientos. Cuando llegamos a ver a algún tipo de curandero y tomamos sus hierbas, suplementos o la medicación que nos prescriben porque queremos y nos parece lo adecuado, estamos escuchando nuestra guía interior y reforzando nuestro poder. Esos son pasos importantes para mejorar nuestra salud y nuestro bienestar.

De hecho, una de las diferencias vitales entre un *buen* curandero y uno *estupendo* es que uno estupendo te guía hacia tu capacidad innata de curarte y en último término fomenta tu independencia. Los grandes curanderos saben que todos tenemos una sabiduría interna y ven su trabajo como una forma de ayudarnos a entrar en contacto con ella. Muchos curanderos buscan que te vuelvas dependiente, incluso aunque no lo hagan conscientemente, porque eso justifica su existencia. Esos curanderos no están en contacto con su ser invencible y por ello creen de

verdad que todos necesitamos arreglos e intervenciones constantes y consecuentemente proyectan esa creencia en sus clientes.
Pero el objetivo de un gran curandero es darte el poder a *ti*, crear
un canal para que conectes con tus propias capacidades curativas
naturales. Y eso al final hace que el curandero acabe siendo innecesario, evidentemente. Pero, para un profesional de ese tipo, ese
es el precio de la excelencia.

Lo mismo se aplica a los grandes maestros y gurús. Un maestro o gurú que es realmente bueno sabe que su verdadero propósito *no* es ganar concursos de popularidad acumulando cada vez
más discípulos que dependan de ellos para obtener respuestas; su
verdadero propósito es despertar al gurú, o la sabiduría interior,
que hay en cada uno de sus alumnos, liberándolos así de la *nece-*
sidad de tener un maestro. No pasa nada por tener maestros,
curanderos o gurús a los que se respete, pero cuando crees en ti y
estás en contacto con tu propio sistema de guía interior, el buen
gurú, maestro o curandero llegará en el momento adecuado con
la respuesta que necesitas. Y puede llegar adoptando cualquier
forma: por ejemplo, la de un electricista, un taxista o alguien de
la televisión. Y lo sabrás porque lo que te diga resonará en tu interior, desencadenando una sensación de emoción, y el mensaje
no te causará ansiedad ni hará aflorar tus miedos.

Mi experiencia con Victoria y Jen Tai, por mucho que las
aprecie a ambas, me enseñó que es completamente contraprodu-
cente (y dañino) ceder mi poder. No necesito arreglos *constantes*
durante el resto de mi vida. Antes creía que obsesionarme con mi
salud era sano, siempre y cuando me centrara en las modalidades
naturales y no en las medicaciones con receta y los fármacos. Pero
desde entonces he aprendido que estar siempre centrada en la
salud solo me mantiene atrapada en la creencia de que me pasa
algo malo. Obsesionarse con *cualquier cosa* (aunque sea con la
salud) no es sano cuando la motivación subyacente es el miedo y
no la voluntad de acceder a tu guía auténtica.

Vivir el cielo *aquí* y *ahora*

Si «hay algo malo en mí que tengo que arreglar» es un *mito,* ¿entonces cuál es la *verdad?*

Posibles verdades que merece la pena considerar:
- Nacemos absolutamente perfectos en todos los sentidos.
- Ya somos todo lo que queremos ser.
- Aunque hayamos olvidado temporalmente quiénes somos, no estamos estropeados irremediablemente.
- Los obstáculos que nos pone la vida no son una indicación de que nos pasa algo malo; solo son parte del viaje de vuelta hacia nuestro interior.

Consejos y ejercicios:
- Busca tiempo cada día para conectar con tu sistema de guía interno.
- Permanece abierto a cualquier tipo de guía que se te presente: la canción que suena en la radio del coche cuando la enciendes, trozos de conversaciones que oyes en la cola del supermercado o una entrevista que lees en una revista o que ves en la televisión.
- Aprende a reconocer cuando algo que oyes desencadena una emoción en tu interior: es tu sistema de guía, que te está indicando que debes prestar atención.
- Acostúmbrate a ver los obstáculos como bendiciones. En vez de enfadarte y frustrarte cuando algo no va como tú quieres, pregúntate: «Si esto fuera un regalo del universo, ¿qué sería lo que pretende enseñarme?». Te asombrará ver cómo ese cambio de perspectiva te abre a la sabiduría que sale de tu interior.

Preguntas para uno mismo:
- ¿Estoy constantemente obsesionado con hacer algo conmigo, con intentar «mejorarme» de alguna forma?
- ¿Siempre siento la necesidad de buscar ayuda externa en libros, maestros o gurús que me aconsejen qué hacer con mi vida?
- ¿Les cedo mi poder a otros porque creo que los demás tienen las respuestas que necesito?
- ¿Soy capaz de comprender cuando el universo me está comunicando algo que servirá para guiarme, algo dirigido especialmente para mí, y cuando el consejo que oigo no es en realidad lo que más me conviene?
- ¿Soy demasiado crítico conmigo?

Sé que estoy en contacto con mi sistema de guía interno cuando…
- Veo que los obstáculos que hay en mi vida no se deben a mis fallos personales, sino que son una parte importante de mi viaje.
- Reconozco que esos obstáculos son en realidad grandes regalos.
- Dejo de sentir una necesidad obsesiva de tener el control de todo lo que ocurre a mi alrededor y de su resultado.
- Me permito ser un canal a través del que se expresa la vida, reconociendo totalmente que la vida pasa *a través de* mí y no es algo que me pasa *a* mí.

Capítulo cinco

❖

Mito: El sistema de salud se preocupa por la salud de las personas

Acababa de volver a Hong Kong tras un viaje por Europa y Norteamérica para dar unas conferencias. Estaba encantada de estar en casa de nuevo, aunque fuera solo durante poco tiempo. Un día estaba disfrutando de mi visita a la tienda de comestibles del Li Chong, en el barrio, enfrascada en la decisión de si quería comprar manzanas de la variedad Gala o Rose. «Hum… ¿Me apetece Gala o Rose? ¿Rose o Gala?», pensaba embelesada.

Mi móvil empezó a sonar e interrumpió mis profundas cavilaciones. Metí en el carrito una bolsa de manzanas Rose (había decidido que me gustaba más ese nombre) y busqué el teléfono en el bolso. No aparecía ningún nombre en la pantalla, lo que significaba que quien me llamaba no estaba incluido en mi lista de contactos. Tampoco me sonaba el número.

—¿Sí? —contesté con cierta duda.

—¿Hola? ¿Es usted Anita? —La voz al otro lado no me sonaba.

—Sí, soy Anita. ¿Quién es?

—No sé si se acordará de mí… Me llamo Vera y nos conocimos en una conferencia en la universidad el año pasado.

—Eh… —fue lo único que logré decir mientras rebuscaba en mi memoria, pero no me vino nada a la mente.

—No importa, es lógico que no me recuerde —respondió, intuyendo mi dilema—. Seguro que conoció a mucha gente esos días. Espero que no le importe que la llame así, de repente, pero necesitaba desesperadamente hablar con usted. ¿Está ocupada ahora mismo? ¿Es un buen momento?

—Sí, puedo hablar. Solo estoy comprando comida… nada emocionante —contesté. Tenía curiosidad por saber de dónde había sacado mi número y por qué me llamaba.

Como si me hubiera leído la mente, Vera dijo a continuación:

—En aquella conferencia nos presentó una amiga común, Sheila Randall. Ella me dio su número y me sugirió que la llamara.

—Ah, sí, ahora me acuerdo. ¿Qué es lo que te ocurre? —pregunté al recordar de repente que mi amiga Sheila, que conocía de las clases de yoga a las que solía asistir, me había presentado a una mujer euroasiática muy agradable en una conferencia que había dado en la universidad el año anterior.

Es mi madre…

—Bueno, es mi madre… —confesó Vera, con la voz a punto de quebrársele—. ¡Tiene cáncer de mama! Se enteró la semana pasada y ya está en estadio tres. Ha estado pasando mucho miedo desde el diagnóstico; es como si los médicos le hubieran dado una sentencia de muerte. Después alguien le recomendó que leyera tu libro y ella lo hizo. Le dio mucha esperanza. Cuando se enteró de que vivías aquí en Hong Kong quiso conocerte y hablar contigo. Así que llamé a Sheila y ella me animó a llamarte.

—Oh, lamento mucho lo que le está pasando a tu madre —contesté—. Lo siento mucho por ella. Y por ti. Yo *sé* cómo es ese viaje. —De verdad sentía mucho el dolor de Vera y me emocionaba saber que mi libro había ayudado a su madre—. De verdad que entiendo el miedo que se llega a sentir cuando te dicen que tienes cáncer en estadio tres.

—Por eso te llamo —continuó Vera con un leve suspiro de alivio—. Cuando mi madre leyó tu historia, le pareció que lo que estabas contando era la historia de *su* vida. Ella es justo como eras tú antes. Es una mujer que quiere agradar a todo el mundo, dando sin parar hasta que no le queda nada más. No se preocupa nunca por ella.

Sentí que una leve sonrisa aparecía en mi boca al pensar en lo conocido que me sonaba todo eso. Era realmente igual que mi historia.

—¿Y dónde está tu madre ahora? —pregunté.

Sentí cierta inquietud en ese momento, porque aunque quería ayudar, también quería que la madre de Vera supiera que ya tenía dentro de ella el poder para curarse (fuera cual fuera la forma que tomara esa curación). No quería que pensara que me necesitaba a mí para ello. Yo me dedico a compartir mi mensaje no para que los demás crean en *mí*, sino para que crean en *ellos*.

Además, tenía la agenda muy apretada y había empezado a recibir muchas peticiones de gente desconocida que se enfrentaba a enfermedades graves y que me pedían que los visitara y los ayudara en su viaje de curación. Eso me hacía sentir muy mal, porque yo realmente quería ayudar a *todo el mundo*, pero eso era físicamente imposible, por supuesto. Si pudiera, les daría a todos un gran abrazo y les pediría que se quisieran y se aceptaran totalmente como son, los lleve ese viaje adonde los lleve.

—Está en el Adventist Hospital de Stubbs Road —contestó Vera—. Cuanto antes puedas ir a verla, mejor, porque tiene mucho miedo de las opciones de tratamiento a las que se enfrenta y está totalmente abrumada por todos los consejos que le dan.

—A esas alturas se notaba que Vera estaba llorando mientras hablaba.

—Haré un hueco en mi agenda mañana por la tarde para ir a verla —le prometí a Vera.

Aunque iba a salir de Hong Kong otra vez tres días después y todavía no había empezado a preparar el viaje, sentí la necesidad de ayudar a Vera y a su madre. No podía dejarla en ese momento de angustia por muy ocupada que estuviera, simplemente no podía. Sentí el miedo de Vera recorrerme el cuerpo como un escalofrío que me hizo estremecer.

¿PREOCUPARSE POR LA ENFERMEDAD O POR LA SALUD?

Tras mi experiencia con el cáncer, desarrollé una perspectiva muy diferente sobre la salud y la forma que tenemos de centrarnos en ella. Me frustraba que nuestro sistema de salud pusiera más énfasis en buscar la enfermedad que en animarnos a vivir una vida sana. Parece que nos hemos obsesionado con el cáncer, y nos bombardean todo el tiempo con campañas publicitarias que nos animan a hacernos pruebas para la detección precoz, actitudes que solo hacen que nos centremos en la enfermedad. También nos piden constantemente que contribuyamos a «la batalla contra el cáncer», además de a otras «batallas» contra las enfermedades cardiacas, la diabetes, etc.

Si habláramos de salud tanto como de cáncer, si dedicáramos tanto dinero a la concienciación sobre la salud como a la concienciación sobre esa enfermedad, seguro que viviríamos en una realidad diferente. Por eso prefiero hablar de salud, amor y felicidad y no dedicarle mi atención al cáncer. Me encantaría ver a la gente dialogar más sobre lo que hace falta para estar sano, la apariencia de una persona sana y cómo se siente. Incluso quienes sufren un cáncer podrían beneficiarse de algo así.

Quiero ser muy clara en este punto: nuestros cuerpos *no* son zonas de guerra y debemos dejar de tratarlos como si lo fueran.

No hay batallas que ganar (ni que perder) ni enemigos que destruir. Desarrollar cáncer o cualquier otra enfermedad puede ser un don o una maldición, depende de cómo se mire. Esas enfermedades no son «algo malo que hay que erradicar», no son el resultado de «un mal karma de una vida pasada» ni de nuestros pensamientos negativos.

Las enfermedades son la forma que tiene nuestro cuerpo de comunicarse con nosotros y de enseñarnos un camino mejor. Sí, puede que muramos de cáncer (o de cualquier otra cosa), todos *vamos a morir* de algo en algún momento, pero la muerte no es el enemigo. Lo que muchas veces *sí* es el enemigo es la forma en que vemos la enfermedad, incluyendo la noción simplista de que si enfermamos o morimos es porque no hemos luchado bastante o con la fuerza suficiente, no hemos sido lo bastante valientes o lo bastante fuertes para vivir, o nuestros pensamientos y visualizaciones no han sido suficientemente positivos. Nociones como esas no solo son una fuente de miedo, sino que simplemente *no son ciertas*, pero agobian a la persona que se ve enfrentada a ese obstáculo, cargándola (a ella y a sus seres queridos) con una presión tremenda cuando está en su momento más vulnerable.

Esa actitud crítica e injusta es *justo lo contrario* al amor, el apoyo y la comprensión que necesita cualquiera que esté pasando por algo así. Imagina cuánto ayudaría cambiar la perspectiva y ver el cáncer y otras enfermedades como *llamadas de atención* para cambiar el rumbo de nuestras vidas. ¿Y si en vez de gastar miles de millones de dólares en campañas para luchar contra la enfermedad, invirtiéramos la misma cantidad de dinero, energía y atención en difundir programas de concienciación para la salud que abordaran no solo la salud física, sino también la mental, emocional y la espiritual? Supondría una gran diferencia y obtendríamos un resultado muy distinto.

CONCIENCIACIÓN SOBRE LA SALUD

El sistema de salud que tenemos actualmente es un programa de cuidados que se centra mucho más en la enfermedad que en la salud, tal vez en parte porque se gana mucho más dinero con la enfermedad que con el bienestar. Algunos dirán que estoy siendo muy cínica, pero pensemos lo siguiente: en 2014, la revista *Forbes* publicó que se estimaba que el gasto en médicos, hospitales, medicamentos y terapias en Estados Unidos ascendía hasta los 3,8 billones de dólares. Comparado con ese desembolso exorbitante, gastamos una verdadera miseria en educar a la gente sobre la mejor manera de vivir más y estar más sanos y más felices.

Según Lyle Ungar, profesor de ciencias informáticas y de la información en la Universidad de Pensilvania, que ha estudiado ampliamente la esperanza de vida y también ha ayudado a crear una calculadora para estimarla, todos podríamos vivir más y con más salud siguiendo unas simples directrices: no fumar, no beber alcohol en exceso, ponerse el cinturón de seguridad, hacer más ejercicio y cultivar relaciones importantes en nuestras vidas. Eso es todo. Podríamos ahorrar toneladas de dinero y salvar millones de vidas solo siguiendo esas directrices.

La mayoría de la gente no sabe lo que es el verdadero bienestar. No tienen ni idea de que el bienestar físico tiene mucho que ver con el mental, el emocional y el espiritual. Todo está unido; la enfermedad física no se produce en un vacío. Nuestro sistema inmune se debilita, haciéndonos más propensos a la enfermedad, por alguna *razón*. Hasta que los especialistas del sistema no empiecen a fijarse más en la salud que en la enfermedad y los investigadores no busquen la conexión entre la enfermedad y nuestras emociones y estilo de vida, seguirá habiendo muchas cosas para las que no encontraremos curas que se basen únicamente en la investigación médica.

Por desgracia para la madre de Vera, ella ya estaba inmersa en el sistema de la enfermedad. Había llegado el momento de darle una perspectiva diferente.

CUANDO CONOCÍ A DANA

Al día siguiente de mi conversación con Vera, fui al hospital y llamé a la puerta de la habitación de su madre. Le habían hecho ya una biopsia dos días antes, pero los médicos necesitaban hacerle más pruebas.

—Adelante —oí que decía Vera, así que abrí lentamente la puerta y entré en la habitación. Vera y su madre parecieron aliviadas y contentas de verme.

—¡Muchas gracias por venir! ¡Con lo ocupada que estás! —exclamó Vera levantándose de un salto de su asiento y acercando una silla desde el otro lado de la habitación para que pudiera sentarme a su lado.

—No hay problema —contesté—. Me alegro mucho de estar aquí con vosotras.

—Esta es mi madre, Dana —presentó Vera, colocando la mano suavemente en el brazo de su madre al decirlo.

Dana sonreía y, aunque tenía una cara preciosa, se la veía un poco pálida tumbada allí, con el gotero enganchado al brazo. Parecía muy joven para tener una hija de la edad de Vera. Me dije que debía haberla tenido muy pronto, en las primeras fases de su vida adulta.

—Hola, Dana —dije, y sonreí mientras me sentaba.

—Estoy muy contenta de que hayas podido venir a verme —contestó Dana—. Me he ilusionado mucho cuando Vera me ha dicho que me harías una visita. Acabo de terminar de leer tu libro y me ha resultado muy útil.

—¿Cómo te encuentras? —pregunté.

—Asustada y confusa —contestó—. Los hospitales me asus-
tan, en general. Aquí todo el mundo está muy serio y eso me
hace sentir aún peor de lo que estoy.

—Entiendo perfectamente lo que quieres decir —confesé
mirando las paredes blanquísimas, las sillas de duro plástico o
metal y la atmósfera clínica que tenía el lugar—. Podrían pintar
las paredes de bonitos colores brillantes, colgar fotos alegres de
perritos adorables, flores y arco íris y llevar ropa colorida que
animara a los pacientes, ¿no crees?

Eso sin mencionar ese horror que es la bata de hospital que
les ponen a los pacientes; ninguna otra prenda en el mundo es
menos digna. Estoy segura de que modificar esos atuendos no
puede ser tan difícil. Solo habría que añadir ciertos toques para
hacer que la experiencia del paciente fuera un poco más placen-
tera. A nadie le puede sorprender que cuando yo tenía el cáncer
odiara quedarme en el hospital e insistiera en irme a casa después de cada tratamiento, por muy mal que me encontrara, simplemente porque me sentía *peor* en el hospital.

INFORMACIÓN EXCESIVA

—Los médicos me han explicado las diferentes opciones y
estoy muy asustada —continuó Dana—. Mi oncólogo dice que estaría loca si no hiciera el tratamiento de quimioterapia y que esa
es mi única oportunidad. Pero temo los terribles efectos secun-
darios. Y el naturópata al que he estado viendo, un hombre en el
que confío de verdad, insiste en que la quimioterapia es veneno
para el cuerpo.

»Además, mis amigos y familiares tienen opiniones diferentes
sobre lo que debería hacer. Algunos no están de acuerdo con los
médicos y me traen impresa información que han encontrado en
internet sobre curas alternativas. Otros me advierten de que de-

bería seguir el consejo de mis médicos e ignorar todo lo demás. Y otros me aseguran que Dios me curará si tengo la fe suficiente. Todos esos consejos contradictorios hacen que me encuentre básicamente paralizada. Es más de lo que puedo gestionar ahora mismo. No me entiendas mal: todos son personas que me quieren y que tienen buena intención, pero ahora siento que, *haga lo que haga*, puede que me esté equivocando.

Noté por el tono exasperado de Dana y por la expresión de su cara que de verdad se sentía totalmente paralizada, con miedo de tomar cualquier dirección, como si estuviera en un campo, rodeada de minas y sin un mapa. O peor, con varios mapas que se contradecían entre sí.

Sentí un extraño *déjà vu* mientras escuchaba a Dana. Yo tuve los mismos problemas cuando apareció mi cáncer. Me bombardeaban con hechos y opiniones, y yo, en vez de aclararme gracias a ellos, me sentía abrumada y llena de miedo porque toda esa información era contradictoria. Cuanto más investigaba, más contradicciones encontraba.

—¿Qué elegirías tú en mi situación, Anita? —preguntó Dana.

—No estoy segura de que deba darte un consejo específico, Dana, porque tienes que ser tú la que tome tus decisiones, y debes reconocer tu capacidad para crear tu propio camino. No quiero que me cedas ese poder —insistí—. Además, si yo te diera un consejo, solo sería uno más que añadir a la avalancha de información confusa que ya tienes. Te va a ser mucho más útil sentir que tú tienes ese poder. Ahora mismo todo se trata de ti y de nadie más. Pero yo estaré encantada de guiarte en la búsqueda en tu interior para ver cómo te sientes respecto a todas esas opciones y facilitar que puedas hacer tus elecciones.

—Te lo agradezco —dijo y en su expresión se veía más esperanza que cuando llegué.

LA VOZ INTERIOR HABLA

—Sé que siempre me orienta un sistema de guía interior, algo que creo que *todos* tenemos y que está *siempre* intentando comunicarse con nosotros —expliqué—. Pero cuando estamos abrumados por mucha información contradictoria, nuestras mentes se ven tan agobiadas, que a nuestro sistema de guía le cuesta decirnos lo que necesitamos. Con la velocidad con que podemos obtener información hoy en día, esa sobrecarga se produce con demasiada frecuencia. Cuando eso me ocurre a mí, yo siempre hago un ayuno de información.

—¿Y eso que es? —preguntó Dana con gran interés.

—Igual que cuando la gente hace ayuno de comida y decide no comer durante 24 o 48 horas, ayunar de información significa no recibir ninguna nueva información del mundo exterior durante al menos un día o dos… lo máximo posible —expliqué—. Cuando todo eso deja de bombardear mi mente, puedo oír lo que me dice mi sistema de guía interior.

—Háblame de ese sistema de guía. ¿De dónde viene la información entonces, si no te llega desde fuera? —preguntó Dana.

—Siento que viene de todas parte y de ninguna al mismo tiempo —contesté—. Sé que yo existo más allá de mi cuerpo; eso lo aprendí durante mi experiencia cercana a la muerte. En ese estado yo era ilimitada y estaba conectada con todos y con todo en el universo. No había separación. Ahora que estoy de vuelta en el mundo físico, esos ayunos me ayudan a recordar que sigo conectada con todos, incluyendo seres queridos que han fallecido: mi padre y mi mejor amiga, Soni, por ejemplo. Siento que mi guía viene de ellos y sé que también hay otros que me quieren incondicionalmente, se preocupan por mí y me ayudan en este mundo. Saber eso me proporciona mucha tranquilidad y paz.

»Cuando digo que no hay separación y que estamos conectados, eso incluye estar conectados con gente de otros periodos temporales, porque, como aprendí en el otro reino, allí no existe el tiempo como nosotros lo conocemos aquí. Eso significa que nuestra guía puede venir de seres queridos fallecidos o de otros que vivieron antes de nosotros como Jesús, Buda, Shiva, Kwan Yin o cualquier otro ser con el que sintamos una conexión especial. Incluso puede provenir de alguien que, desde una perspectiva lineal, no ha nacido todavía.

»La verdad es que no es relevante quiénes sean nuestros guías, porque todos están conectados con nosotros como si fueran solo uno y se presentan al ojo de nuestra mente en la forma que a nosotros nos resulta más cómoda. Sé que esto puede sonar extraño, pero yo siento que me guían siempre que estoy en sintonía con todo y recuerdo que no debo ceder mi poder a todo ese ruido externo.

—Cuando era más joven yo sentía esa guía —intervino Dana emocionada—, pero con el tiempo he perdido esa sensación.

—Eso es lo que nos pasa a la mayoría —dije—. Creo que nacemos con esa capacidad, pero que la perdemos según vamos avanzando en la vida y nos ponemos a escuchar a todas esas voces contradictorias que nos rodean. A veces la vida nos arrebata nuestro propio poder.

Vera había estado callada durante la conversación, pero me di cuenta de que estaba escuchando atentamente, absorbiéndolo todo. Quería ayudarla a apoyar a su madre en ese proceso. Tenían una relación preciosa. Cuando yo tuve cáncer, Danny y el resto de mi familia estuvieron siempre a mi lado. Un apoyo así es vital y me alegró ver que Dana contaba con el de su hija.

—Así que en este momento me vendría bien hacer un ayuno de información para que mi mente pueda aclararse y mi sistema de guía interno empiece a comunicarse directamente conmigo —concluyó Dana—. ¿Es eso lo que estás sugiriendo?

—Sí, eso es lo que yo haría —afirmé. Ahora era yo la que estaba entusiasmada—. Básicamente, cuando me siento confusa y abrumada por toda la información, no intento buscar más; solo dejo que la información que ya tengo repose. No puedo dejar de saber lo que ya sé, claro, pero dejo de centrarme específicamente en ello.

ELEGIR LA FELICIDAD

—Después —continué— me recuerdo que necesito centrarme en hacer elecciones que apoyen mi cuerpo, mi espíritu y mi viaje personal. Al centrarme en hacer lo que me trae felicidad (en vez de en el cáncer) paso de un lugar de miedo en el que pienso «Oh, Dios mío, tengo cáncer ¿y ahora qué hago para librarme de él?» a un lugar de paz en el que tengo una base sólida.

»Si volviera a encontrarme en ese lugar de miedo en el que me invaden pensamientos como "¿y si elijo la opción incorrecta?", no intentaría librarme de mis miedos, porque así solo acabaría temiendo al miedo y juzgándolo cada vez que apareciera. Simplemente dejaría estar esos miedos y al mismo tiempo iría introduciendo poco a poco una nueva línea de pensamiento, diciéndome algo del estilo de "vale, Anita, es hora de recuperar la felicidad. Tienes que pasar más tiempo contigo misma, queriéndote, siendo buena y generosa contigo y haciendo algo divertido e interesante para cuidarte".

—Necesito apuntar eso —exclamó Dana de repente—. Vera, ¿me traes la libreta y el bolígrafo que hay en mi bolso?

Vera rebuscó en el bolso de Dana y le pasó una agenda y un boli a su madre.

—También me preguntaría cosas como «¿de qué forma puedo quererme más? ¿Cómo puedo apoyarme más? ¿Qué haría ahora si me estuviera queriendo? ¿Qué puedo hacer cada día para demostrarme cuánto me quiero y me apoyo?» —proseguí—. Y después escribiría todo lo que me viniera a la mente y haría esas cosas todos los días. Me preguntaría: «¿Qué haría hoy para celebrar mi buena salud si de repente me dijeran que estoy completamente curada y que me he librado totalmente del cáncer?» y después saldría y lo haría. Creo que es importante celebrar la vida todos los días; a veces necesitamos tener una enfermedad para recordarnos que eso es lo que debemos hacer.

»También he aprendido que es importante sentir que lo que hago viene de un lugar de amor y no de uno de miedo —añadí—. Es decir, que hago cualquier elección porque me quiero, me mimo y quiero sentirme bien de nuevo, no porque tema que me vuelva a pasar algo malo otra vez. Esto no solo refuerza nuestro poder, sino que también es *mucho* más probable que obtengamos resultados positivos.

La medicina basada en el miedo

—Entiendo perfectamente lo que estás diciendo, Anita, y estoy totalmente de acuerdo contigo —contestó Dana dejando el bolígrafo y tomando un sorbo de agua—. Me hace sentir mucho mejor oírte decir esto a ti. ¿Pero sabes qué es lo difícil? Tratar con los médicos, porque ellos me mantienen en un estado de miedo continuo. Sienten esa obligación de ser «realistas» y quieren presentarme las estadísticas y basar mi pronóstico en ellas. Ojalá entendieran que no *quiero* conocer el peor resultado posible... No me considero parte de una estadística. Soy un individuo y puedo crear mi *propia* estadística.

Sabía perfectamente a qué se refería Dana. Durante mi enfermedad a mí también me presentaron las mismas estadísticas y opciones basadas en el miedo. Lo trágicamente irónico es que los escépticos muchas veces se enfrentan a mí diciendo que mis ideas sobre la salud son peligrosas porque le dan a la gente una falsa sensación de seguridad y los alejan de la dura realidad de su enfermedad. Pero, desde mi perspectiva, es el miedo que rodea las sentencias de los profesionales de la medicina lo que contribuye a ese peligro. El miedo le hace un daño tremendo a nuestro sistema inmunitario, dejándonos vulnerables ante la enfermedad.

Los profesionales de la medicina conocen bien el poder de la sugestión y el efecto placebo lleva estudiándose muchos años, desde la publicación del entonces novedoso artículo titulado «El poderoso placebo» en el *Journal of the American Medical Association* en 1955.

A pesar de conocerlo, nuestros profesionales médicos no solo no hacen nada para contrarrestar el miedo de sus pacientes, sino que muchos les *infunden* miedo intencionadamente. Para mí eso queda confirmado por la cantidad de *emails* que recibo diariamente de gente que tiene que encajar un pronóstico poco halagüeño que le ha dado un médico con poca sensibilidad (eso sin mencionar el ya de por sí intimidante sistema de salud). Esa gente me escribe preguntándome si le puedo dar algún consejo para superar ese miedo mientras cruza ese campo de minas emocional. Esa es la experiencia que yo tuve también cuando pasé por el cáncer. Odiaba ir a la consulta el médico, porque estar allí solo me daba más miedo. Me sentía aún más enferma cuando estaba en el hospital, mientras que en casa me encontraba mucho mejor.

—Te entiendo, Dana —contesté—. ¿Y no es irónico que las instituciones que nosotros hemos creado para buscar la curación y el bienestar sean los lugares que más tememos en el fondo porque la información, y también los tratamientos, se nos presentan de una forma fría y clínica que da miedo? Estas instituciones de «salud» solo parecen agravar nuestra enfermedad.

—¡Sí! —exclamó Dana con vehemencia—. Nos tratan como seres mecánicos y nos prestan muy poca atención como individuos.

Amor, no miedo

Desde mi enfermedad he sentido que, cuando a alguien le diagnostican una enfermedad que pone en peligro su vida, hay que centrarse no solo en el estado físico de la persona, sino también en su estado emocional. Tal vez incluso más en este último. Idealmente el profesional debería hacer preguntas como estas:

- ¿Se valora?
- ¿Es feliz?
- ¿Tiene en su vida personas que le importan y a las que les importa usted?
- ¿Siente que su vida tiene un propósito?
- ¿Qué le apasiona?
- ¿Qué le hace feliz?

—Está bien —intervino Dana—. Digamos que ya estoy actuando desde un lugar de amor y paso más tiempo haciendo cosas que sirven para mimarme, alimentar mi espíritu y conectar con la gente que me apoya. Y entonces llego a un lugar en el que siento mi poder y que estoy conectada con mi sistema de guía, pero todavía tengo que tomar decisiones difíciles sobre opciones de tratamiento. ¿Cómo le pregunto a mi sistema de guía qué elección debo hacer?

—Muy buena pregunta —reconocí—. Yo empezaría repasando una por una todas las opciones de tratamiento que me han presentado y viendo cómo me hacen sentir. Por ejemplo, me preguntaría: «¿Cómo me siento cuando pienso en la quimioterapia?». Y entonces observaría si esa posibilidad me hace sentir que eso es introducir veneno en mi cuerpo, como sugiere el naturópata, o si veo ese tratamiento como algo muy potente que puede ayudarme a erradicar las células cancerígenas. Después me preguntaría: «¿Cómo me siento cuando pienso en las sugerencias que me ha hecho el naturópata? ¿Y cómo me siento al pensar en una combinación de ambas opciones: erradicar las células cancerígenas con quimioterapia y darle apoyo a mi cuerpo con una buena nutrición al mismo tiempo? ¿Me da esperanzas o me da miedo pensar en una perspectiva basada en la fe? ¿Cómo me siento al pensar en una combinación de las tres?».

»Y si se me presentaran más opciones además de la naturópata, la oncológica o la basada en la fe, iría pensando en ellas también una por una, preguntándome cada vez: "¿Cómo me hace sentir esta opción? ¿Me siento fuerte y con poder al contemplar un viaje vital que incluya esa opción o solo pensarla me causa miedo y debilidad? ¿Y cómo me siento en cuanto a la muerte? ¿Me lleno de terror al pensar en ella o me siento en paz y la veo como un resultado natural de la vida?".

»En cada caso observaría qué emociones me produce esa opción y después me quedaría con las elecciones que me hacen sentir más poder, más esperanza y más felicidad. Y no me preocuparía de aquellos a los que ofende mi elección, porque cada uno de nosotros necesita estar rodeado de los que nos quieren, nos hacen sentir nuestro poder y nos apoyan en nuestras elecciones. Después de todo, tu vida y tu salud son cosa *tuya*.

—¡Oh, qué bien! Eso me ayuda —respondió Dana.

—Y se aplica exactamente lo mismo a la dieta y la nutrición —expliqué—. Hay mucha información contradictoria sobre lo que es bueno para nosotros y lo que no. A mí antes me causaba ansiedad todo lo que comía. Fui vegana durante dos años porque un naturópata que conocí tenía fe ciega en esa dieta y me convenció de que la proteína animal causaba cáncer. Como resultado acabé con una nutrición deficiente y eso me causó muchos otros problemas de salud. Cuando empecé con este método de escuchar lo que me decía mi cuerpo, mi salud mejoró drásticamente. Por ejemplo, me di cuenta de que tenía muy pocas proteínas; entonces empecé a comer huevos y después pescado y me sentí mejor inmediatamente.

»Algunas cosas son de sentido común, como comer alimentos de buena calidad, alimentos integrales y evitar las comidas procesadas, sobre todo cuando nuestra salud está comprometida. Pero no creo que haya una sola dieta o forma de comer que le vaya bien a todo el mundo. Asegurar que una dieta es la única y la mejor solo provoca miedo a los que no la siguen. Mi decisión de convertirme en vegana nació del miedo, sobre todo del miedo al cáncer, no tomé la decisión por amor a mi cuerpo. Y al final *tuve* cáncer; así que cualquier beneficio que pudiera obtener de la alimentación vegana quedó neutralizado por las hormonas del estrés que mi cuerpo segregaba al vivir en un estado constante de miedo a bajo nivel. Si en vez de eso hubiera amado mi cuerpo y hubiera querido de verdad hacer todo lo posible para tener una vida feliz, habría descubierto cómo necesitaba nutrir mi cuerpo. Pero eso no se me ocurrió porque estaba gastando toda mi energía en sentirme ansiosa y tener miedo.

»Eso no significa que no busque intervención médica o natural cuando la necesito —aclaré—. Creo que cuando necesitamos apoyo, debemos buscarlo. Pero ahora siento que la intervención debe reforzar nuestro poder, no arrebatárnoslo. Esa es la diferencia. Y para saber qué necesitas solo tienes que preguntártelo.

»Por cierto, utilizo este método para todas las elecciones que hago en mi vida, incluyendo las solicitudes de conferencias que voy a aceptar si coinciden varias en la misma fecha o si voy a aceptar o no un nuevo proyecto. Antes de comprometerme con nada, me imagino en cada situación y después acepto solo las opciones que me producen alegría, pasión o que me proporcionan un objetivo, es decir, las que más felices me hacen.

»A la mayoría nos enseñan a hacer nuestras elecciones sopesándolas con la mente, haciendo por ejemplo una lista de pros y contras, y después a elegir la opción con la lista de pros más larga. Pero, aunque prefieras hacerlo así, ¿cómo te hace *sentir* tu elección? ¿Consigue que te cante el corazón? ¿Te llena de pasión?

¿O en cambio te llena de ansiedad y estás deseando que se acabe o temiendo que llegue?

—Me identifico con lo que dices —dijo Dana—. Estoy totalmente de acuerdo contigo. Tomar más decisiones con el corazón me parece una gran idea. Pero ¿no encuentras que constantemente vuelves a centrarlo todo en tu cabeza porque la mayor parte de la gente que hay a tu alrededor no comparte esa forma de pensar? El entorno en el que vivimos exige que funcionemos solamente basándonos en nuestra mente lógica.

—Me ocurre todo el tiempo —reconocí—. Incluso tras la increíble experiencia de mi ECM sigo sintiendo que el mundo que me rodea exige que niegue que lo que me dice mi guía interior es lo que realmente necesita mi vida. Parece que siempre estoy en una posición en la que tengo que elegir entre encajar entre los demás o vivir mi verdad y quedarme fuera. Normalmente no es posible compaginar ambas.

—¡Pues *yo* pensaba que era la única que se sentía así! —exclamó Dana—. Una de las cosas que ahora me resulta más difícil es decidir entre todos los consejos contradictorios que me da la gente que me quiere, con toda su buena intención. Sé que, decida lo que decida, solo voy a seguir el consejo de algunos y que tendré que ir en contra del de otros. Y eso me cuesta mucho.

IGNORAR EL «DEBERÍAS»

Era increíble cuánto de mí, de mi ser anterior, estaba viendo en Dana. En ese momento comprendí por qué había sentido la necesidad de ir a verla. A mí antes también me importaba mucho agradar a todo el mundo. De hecho el querer agradar a los demás para caerles bien es una idea que todavía cruza por mi mente de vez en cuando y eso me obliga a estar atenta y evaluar todas mis interacciones. En el pasado gran parte de mi vida se veía condicionada por lo que pensaban los demás de mí. Al hablar con Dana sentí como si me hubieran puesto delante un espejo en el que se veía la personalidad que tenía antes de mi ECM.

—Yo antes también me sentía justo así, Dana —respondí comprensiva—, pero he aprendido que cuando la gente me dice que debería hacer esto o lo otro, suelen estar hablando desde su *miedo personal*. Lo que están diciendo en realidad, sin darse cuenta, es que eso es lo que *ellos* harían si estuvieran en mi situación y que a *ellos* les daría tranquilidad mental si yo siguiera su consejo.

»Lo que a mí me funciona en esas situaciones es agradecerles su consejo y su preocupación y decirles que pensaré en lo que me han dicho y también en el resto de la información que tengo. Pero después les pido que me apoyen totalmente haga lo que haga, incluso si no es lo que ellos me han aconsejado. Sé que yo intentaría que no se sintieran obligados a seguir mis consejos si estuvieran en mi situación, así que me merezco lo mismo. ¿Y sabes? En la mayor parte de las ocasiones la gente que realmente me aprecia apoya mis elecciones, sean las que sean. No siempre se dan cuenta de la presión que ejercen y, cuando son conscientes de ello, intentan reducirla.

—No sabes lo que me alegra oírte decir eso, Anita —intervino Vera—. Mamá siempre está intentando agradar a todo el mundo y se preocupa por si va a perder el apoyo de la gente si no hace lo que le dicen.

—Y yo me alegro de que hayas puntualizado eso —contesté—. Si vas a perder el apoyo de alguien porque quieres seguir lo que sientes, entonces no es la persona correcta para apoyarte en este viaje. Es muy importante que la gente que te rodea ahora te apoye por ser como eres, no porque haces lo que te dicen.

»Por cierto —añadí—, creo que las dos tenéis mucha suerte de teneros la una a la otra.

—Sí, creo de verdad que es una bendición tener a Vera en mi vida —dijo Dana, mirando a su hija amorosamente.

Por la mirada que le devolvió Vera, quedó clarísimo que el sentimiento era mutuo.

Miré al reloj de la pared y de repente me di cuenta de que era mucho más tarde de lo que creía.

—Oh, ¿ya es esa hora? —pregunté—. ¡No me he dado cuenta! Me temo que tengo que irme corriendo.

Me incliné sobre la cama para darle a Dana un abrazo de despedida. Para alguien que a primera vista me pareció muy débil, su abrazo era fuerte y lleno de cariño.

—Muchísimas gracias por venir —dijo Dana—. Significa mucho para mí y voy a atesorar todo lo que me has dicho. No sabes cuánto me has ayudado hoy. —Se le llenaron los ojos de lágrimas y yo sentí que los míos estaban igual.

—Sé fuerte y no olvides nunca quién eres —dije apartándome lentamente de ella para ir a coger mi bolso.

—Lo haré —aseguró, llevándose la mano al corazón.

Vera me acompañó a la salida del hospital y hasta la cola de los taxis y su gratitud me hizo sentir muy bien.

—¡Hacía tiempo que no veía a mi madre tan contenta! —me dijo con una sonrisa mientras me subía al taxi—. Gracias por darle algo tan positivo en lo que centrarse.

—Veros a tu madre y a ti me ha alegrado el día. Las dos me habéis llegado al corazón —le confesé antes de cerrar la puerta del coche.

Me estuve despidiendo con la mano hasta que el taxi giró la esquina y se dirigió al muelle donde tenía que coger el ferri para volver a casa.

En el viaje entre Victoria Harbor y Discovery Bay saboreé el tiempo que había pasado con Vera y Dana, reproduciendo de nuevo en mi mente nuestra conversación. Era difícil saber qué pasaría con Dana. ¿Encontraría un camino de curación que la ayudara a recuperar el vigor y la vida o pasaría al mundo que hay más allá de este, un mundo que yo conocía bien por propia experiencia? Pasara lo que pasara, supe que lo más importante era *el viaje.* Tras nuestra conversación sentí confianza en que su camino se iba a alejar del miedo y la inquietud y en cambio estaría lleno de amor y felicidad y supe que ella buscaría a la gente y las actividades que sirvieran mejor para apoyarla durante ese camino.

También pensé en mi propio viaje y volví a darme cuenta de lo difícil que es permanecer centrada en lo que me trae más paz y felicidad, aunque sepas exactamente lo que es. Pero reconocí que, en el caso de la visita de esa tarde, el impulso de ir a ver a Dana no había nacido de la necesidad de agradar a los demás, sino de una verdadera sensación interior de que ir a verla iba a ser la elección que me haría más feliz y que aumentaría mi alegría y mi bienestar. Y eso era *justo* lo que había ocurrido.

Vivir el cielo *aquí y ahora*

Si «el sistema de salud cuida de nuestra salud» es un *mito*, entonces ¿cuál es la *verdad?*

Posibles verdades que merece la pena considerar:
- Los médicos y otros profesionales sanitarios pueden darnos información sobre nuestro estado físico y sobre qué opciones tenemos, pero nosotros somos responsables de conectar con nuestra guía interior y decidir qué es lo mejor que podemos hacer.
- La mala salud no es solo un problema médico: las causas pueden estar conectadas con nuestro estado mental, emocional o espiritual, además de con nuestro entorno.
- No somos víctimas de la enfermedad, porque la enfermedad no ocurre en el vacío; podemos hacer muchas cosas para mejorar nuestra salud a muchos niveles.
- La enfermedad es un maestro (y muchas veces, una llamada de atención) que nos enseña un camino mejor, no un mal que debe ser destruido, la consecuencia de un mal karma o el resultado del pensamiento negativo. Ni siquiera la propia muerte es nuestro enemigo.
- Elegir ver los regalos o los mensajes que nos trae la enfermedad en vez de verla como una maldición refuerza nuestro poder (y también puede que mejore el resultado de dicha enfermedad).

Consejos y ejercicios:
- Si tú o un ser querido desarrolláis una enfermedad que no deja de progresar, resiste la tentación de creer que la per-

sona enferma hizo algo para causar esa enfermedad o no hizo lo bastante para luchar contra ella. Reconoce lo que son esos pensamientos: algo injusto y un juicio dañino. En vez de eso rodéate de apoyo, comprensión y amor o transmíteselo todo a tu ser querido.

- La próxima vez que experimentes una sobrecarga de información de cualquier tipo, piensa en hacer un ayuno de información: no aceptes ninguna información nueva del mundo exterior durante al menos un día o dos para que te sea más fácil escuchar lo que te dice tu sistema de guía interno.

- Aprende a acceder a tu guía interior siempre que necesites decidir algo. Mientras consideras cada opción, presta atención a las emociones que te produce y cómo te hace sentir (con esperanza y poder o con miedo y debilidad). Elige la opción que te haga sentir mejor.

- Si tienes problemas para reconocer los verdaderos sentimientos que te provoca una opción, intenta tirar al aire una moneda. Fíjate en la reacción instintiva que te produce el resultado de la moneda al caer: si tienes una respuesta positiva, quédate con esa opción; si se te hace un nudo en el estómago, elige otra opción diferente.

- Cuando el miedo amenace con agobiarte, céntrate en hacer lo que te hace feliz en vez de dejarte llevar por lo que temes. Esto te ayudará a desarrollar un estado de paz y solidez en el que podrás acceder con más facilidad a tu guía.

- Cuando los demás insistan en lo que creen que deberías hacer, date cuenta de que hablan desde su miedo *personal*. Agradéceles sinceramente su cariño y su amor y pídeles que te apoyen tomes la decisión que tomes, incluso aunque no coincida con lo que ellos quieren que hagas.

- Si tu médico te propone un tratamiento que te parece abrumador y te da miedo, pregúntale qué aconsejaría si a uno de sus familiares o a un ser querido le hubieran dado el mismo diagnóstico.
- Si en vez de decirte que estás curado del cáncer, tu médico te dice que estás en remisión (una palabra que personalmente no me gusta porque te arrebata todo el poder), asegúrate mentalmente de que la enfermedad se ha *ido*. Piensa que la palabra *remisión* significa «recordar mi misión», es decir, que ha llegado la hora de abrazar la vida y recordar tu misión en ella.

Preguntas para uno mismo:
- Cuando pienso en mis enfermedades o lesiones pasadas, ¿qué conexiones puedo establecer entre mi estado físico y mi salud mental, emocional o espiritual en ese momento?
- Si una enfermedad pasada era en realidad una llamada de atención para que cambiara la dirección del camino de mi vida, ¿qué cambios me estaba pidiendo mi cuerpo que hiciera?
- ¿Me siento más agobiado al hablar de mi enfermedad y mis opciones de tratamiento con ciertas personas que con otras? Si es así, ¿estoy abierto a tomar la decisión de no hablar de ello con esas personas, aunque tengan buena intención?
- ¿Qué puedo hacer hoy para demostrarme cuánto me quiero y me apoyo? ¿Y qué puedo hacer mañana y pasado mañana?
- ¿Cómo puedo celebrar la vida hoy? ¿En qué actividad que le da sentido a mi vida puedo participar, independientemente de mi estado físico?

Sé que soy responsable y consciente de mi salud cuando...

- Acepto la información tanto de los profesionales médicos como de amigos y familiares agradeciendo su experiencia y su preocupación y sin sentirme abrumado u obligado a seguir los consejos que me dan.
- Puedo acceder a mi sistema de guía para saber lo que me hace sentir bien en cualquier momento y no dejo que el miedo influya en mis decisiones.
- Reconozco que mi cuerpo es un barómetro del estado de mi salud mental, emocional y espiritual (además de la salud física) y agradezco sus lecciones y sus avisos.

CAPÍTULO SEIS

Mito: Solo es una coincidencia

ESTAR CONSTANTEMENTE VOLANDO de aquí para allá entre mi ciudad natal, Hong Kong, y Estados Unidos estaba empezando a agotarnos a Danny y a mí. Por mucho que nos guste viajar, las aventuras y conocer lugares nuevos, estábamos empezando a sentir que pasábamos demasiado tiempo en aviones, esperando en aeropuertos, haciendo colas o cruzando controles de seguridad. Y cuando no estábamos volando, teníamos que sufrir el *jet lag* tras haber cruzado varias zonas horarias. Así que por fin, en enero de 2015, decidimos lanzarnos y mudarnos de Hong Kong a Estados Unidos. Elegimos vivir en el sur de California, sobre todo porque a mí me gusta estar cerca del mar y porque estamos acostumbrados a un clima cálido.

UNA REALIDAD NUEVA Y DESESTABILIZADORA

A los dos nos gusta Estados Unidos y adoramos California, pero, tras el cambio, un detalle de nuestro nuevo ambiente me afectó bastante. Danny suele poner la televisión para ver las noticias mientras se viste por la mañana. Cuando vivíamos en Hong Kong eso no me molestaba, porque las noticias de allí no son nada emocionantes ni escandalosas; suelen hablar principalmente de informes de reuniones bilaterales con los gobernantes de ciudades vecinas como Pekín o Taiwán.

Pero me llamó la atención la cantidad de crímenes violentos que contaban todos los días las noticias de Estados Unidos. En Asia muy pocas veces se incluían crímenes violentos en las noticias. No se ven muchas armas en la mayoría de las culturas asiáticas, pero en Estados Unidos cada día tenía que oír crónicas de asesinatos brutales cometidos en escuelas, iglesias, teatros o domicilios privados. Gente normal haciendo cosas cotidianas que acababa asesinada de las formas más sangrientas y violentas imaginables. Muchas veces las víctimas eran niños y gran parte de esas muertes se producían por motivos raciales.

Todo eso supuso una gran conmoción espiritual para mí y me afectó emocional y psicológicamente. Le pedí a Danny que no encendiera la televisión, que en vez de eso pusiéramos música animada, y él aceptó el cambio encantado. Pero aunque no tuviera esas noticias delante, algo seguía reconcomiéndome. Podía empezar el día con una música alegre, pero sabía que esos tiroteos seguían produciéndose; solo porque yo no encendiera la televisión, la violencia no dejaba de ocurrir. Me di cuenta de que lo que estaba haciendo era meter la cabeza debajo del ala.

DUALIDAD CONTRA NO DUALIDAD

La razón por la que me afecta tanto oír esas noticias sensacionalistas es que sé que todos estamos conectados, pero aun así veo como nos matamos unos a otros y alimentamos el odio porque ignoramos esa interconexión. No somos conscientes de que a quienes hacemos daño es a nuestros hermanos y hermanas, a nuestros propios hijos o padres… o a nosotros mismos. La creencia de que estamos separados de todos los demás es lo que causa esas guerras que hay por todo el mundo. Entrenamos a nuestros jóvenes para ir a la guerra y matar a personas que viven en otra nación (normalmente jóvenes como ellos) solo porque sus líderes gubernamentales no están de acuerdo con los nuestros. Y después felicitamos a quien ha matado más (o al que ha salvado de la muerte a otros de su bando) y le llamamos *héroe de guerra*. Tanto matar como salvar son dos lados de la misma moneda; si dejáramos de matar, no haría falta salvar a nadie.

Lo que entendí cuando estuve a un paso de la muerte fue que esos a los que matamos no son personas que no tienen nada que ver con nosotros. Digamos que somos como dedos, pero cada dedo cree que es una entidad totalmente independiente de los demás, hasta que al morir descubrimos que cada uno de esos dedos es en realidad parte de la misma mano. Si nos diéramos cuenta de eso cuando estamos vivos, nos negaríamos a matar a nadie; no querríamos cortar ninguno de los dedos de nuestra mano.

Como he mencionado antes, durante mi ECM no solo dejé de tener cuerpo físico; tampoco tenía sexo, raza, cultura, religión, creencias ni ego. Pero aun sin todos esos elementos terrenales, no era una versión reducida de mí: más bien era algo mucho mayor. Estaba expandida y me sentía más poderosa, más majestuosa. De hecho me di cuenta de que esos elementos terrenales que siempre creí que eran fundamentales para mí, realmente solo me oprimían, me condicionaban y me convertían en mucho menos de lo que era en realidad. Sin esos límites tan estrechos, era infinita. Era parte de todo y una con todas las cosas.

Pero aquí, en la vida terrenal en tres dimensiones, los contrastes y las diferencias son necesarios para crear lo que para nosotros es la realidad. Y a eso lo llamamos *dualidad*: solo percibimos algo por contraste con otra cosa. Pero si nos fijamos solo en esas diferencias, los demás se convierten en nuestros enemigos.

En esta vida nos resulta casi imposible no juzgar porque tenemos que distinguir, discriminar y juzgar todo el tiempo. Así es como vivimos aquí. Tenemos que tener la posibilidad de ver lo bueno y lo malo, lo negativo y lo positivo, la luz y la oscuridad; todas esas cualidades las percibimos solo en oposición la una de la otra. Y como juzgamos y comparamos constantemente, estamos siempre eligiendo. Creemos que algunas elecciones son mejores que otras cuando nos hacen más felices a nosotros y a los que nos rodean. Y sin duda algunas elecciones *parece* que nos vienen mejor que otras. Aprender qué elecciones son las que mejor nos vienen es lo que hacemos aquí.

Pero lo que aprendí cuando pasé por mi ECM es que esas cualidades que percibimos como antagónicas realmente *no* se oponen; trabajan en tándem, y si eliminas una, la otra desaparece también. No se puede conocer una sin la otra. En ese estado de claridad total, en el que todo se conoce simultáneamente, no hay división.

Esto significa que, durante mi ECM, no solo podía ver ambos lados de la moneda al mismo tiempo y en todo momento, sino que también entendía que en realidad todo formaba parte de la misma unidad: igual que una cinta de Moebius, que solo tiene un lado, aunque parece tener dos. De hecho en esa no dualidad nosotros nos *convertimos* en la moneda y comprendemos inmediatamente que ambos lados son necesarios para que algo pueda existir. Al fin y al cabo no es posible tener una moneda con un solo lado. Así que en ese reino solo sentí una aceptación total de la forma en que funciona la vida. Aunque realmente sentí más que aceptación; sentí un amor total e incondicional por todo y por todos, y compasión y empatía por mí y por todos los demás.

También pude entender perfectamente por qué hago todo lo que hago (y por qué todo el mundo hace lo que hace), por muy malo o dañino que sea. Todo se volvió comprensible. Todo el tapiz lleno de dibujos apareció claramente ante mis ojos. Comprendí que muchas de las cosas que había hecho en mi vida, incluidas algunas que habían causado daño, las había hecho desde una perspectiva de limitación. En otras palabras, supe que cuando les había hecho daño a otros, esos actos nacían de mi propio dolor, mis miedos, mi ignorancia y mi falta de consciencia. Lo había hecho lo mejor que podía con lo que sabía en cada momento. Desde la perspectiva de ese reino infinito, descubrí que solo resultamos destructivos como último recurso, que solo hacemos daño cuando realmente creemos (con razón o sin ella, siempre inmersos en nuestra perspectiva limitada) que no tenemos otra opción.

Cuando morimos podemos ver la imagen completa de nuestras vidas de un solo vistazo y comprender por qué los sucesos y circunstancias se desarrollaron como lo hicieron y por qué tomamos las decisiones que tomamos. Creo que eso funciona así incluso para los criminales. En muchos casos aquellos que nosotros calificamos de malvados, desde su propia perspectiva limitada pueden verse como víctimas. Por ejemplo, solo tenemos que fijarnos en que hay más hombres que mujeres en las cárceles. ¿Por qué hay en las cárceles más gente de ciertas etnias que de otras? ¿Por qué la mayoría de la gente que está en prisión pertenece a niveles socioeconómicos bajos? ¿Cómo hemos contribuido nosotros, como sociedad (con nuestros prejuicios y barreras, nuestras pesadas asunciones y expectativas) a crear a esos criminales?

Detrás de cada crimen no está solo quien lo ha perpetrado, sino toda una compleja mezcla de personas y acontecimientos que tienen sentido desde una perspectiva cósmica. Parece que pensamos que si metemos entre rejas a una persona o un grupo en concreto, el mundo será un lugar mejor. Pero no nos damos cuenta de que todos los que se han cruzado con esa persona en la vida y todas las experiencias que ha tenido (tanto si los acosaron en el colegio, como si los discriminaron por su raza o si su familia los maltrató) son parte de lo que llevó a esas personas a tomar las decisiones que tomaron y a actuar como lo hicieron.

Durante mi ECM, la comprensión de que todos estamos conectados fue tan poderosa que, aunque hubiera pensado en ese momento en un asesino o un pederasta (alguien que me pareciera abominable y por quien sintiera verdadero desprecio en mi vida física), en ese estado no habría sentido otra cosa por esa persona que no fuera comprensión total y compasión. De hecho, habría sentido empatía por el dolor que le hizo elegir ese camino en primer término y también un amor completo e incondicional tanto por el autor del crimen como por sus víctimas. Mi ECM me permitió entender que la gente hace daño a los demás por ignorancia, porque está sufriendo, o porque está tan desconectada de su verdadera esencia que no tiene la capacidad de sentir emociones (y eso se debe a que han sufrido algún tipo de maltrato o a una enfermedad mental).

Muchas veces me han atacado en las redes sociales por expresar que en el otro reino no hay juicios. Esta visión de las cosas no es muy popular, especialmente porque va contra los dogmas de las religiones tradicionales y también porque nos gusta pensar en términos de «nosotros y ellos» y creer que los que sentimos que nos han hecho mal serán juzgados duramente en la otra vida. A veces, cuando esas verdades van en contra de las creencias populares, es difícil compartir la verdad de lo que experimenté, pero tengo que confiar en que quien necesite oír mi verdad, la oirá y se beneficiará de ella.

Eso me quedó confirmado hace tiempo, cuando recibí una carta de un hombre que estaba en la cárcel. Me escribió contándome que estaba cumpliendo una condena de veinte años sin posibilidad de libertad condicional, así que supuse que su crimen debió ser bastante grave. Mientras estaba en prisión, había visto a Wayne Dyer entrevistarme en un especial para la televisión en la cadena PBS. En esa entrevista dije específicamente que en el otro lado no hay juicios por nada de lo que hayamos hecho aquí, porque allí todo se sabe y está claro y en ese plano todos entendemos por qué hacemos lo que hacemos.

Ese preso se quedó tan intrigado por mi testimonio, que llamó a su hermana desde la cárcel y le pidió que le comprara mi libro y se lo enviara. Después me escribió diciéndome cuánto alivio había sentido tras ver la entrevista y leer mi libro. La sociedad le había convencido de que iría al infierno por sus crímenes y, como resultado, tenía miedo a la muerte. Sabía que lo que había hecho estaba mal y, aunque no le pregunté qué era, me dijo en su carta que había cometido el delito cuando era joven y estúpido y que si le dieran otra oportunidad o si las circunstancias hubieran sido diferentes, estaba seguro de que no lo habría hecho.

Tenía entonces veinte años y su vida había ido bien hasta ese momento, me explicaba, pero entonces tuvo un momento de debilidad cuando estaba con sus amigos. Aseguraba que se arrepentía y que creía que era el mayor error de su vida, pero ya estaba pagándolo con ella; pensar que iba a seguir pagando por ese error después de la muerte, durante toda la eternidad, le estaba volviendo loco. Me escribió diciendo que mi testimonio le había proporcionado paz por primera vez desde que entró en prisión. Estaba dispuesto a pagar por su error con su vida, pero ahora sabía que podía morir en paz cuando le llegara la hora. Su carta me emocionó. Era lo que necesitaba para recordarme que estaba haciendo lo correcto al compartir mi verdad y no decantarme por decir lo que el público en general quería oír. Me puse en contacto con él para decirle cuánto me había ayudado su carta y él también se mostró muy emocionado.

EL TAPIZ COMPLETO

Como no hay palabras para describir adecuadamente lo que experimenté en el reino no-físico, suelo utilizar la metáfora del tapiz para explicar cómo vi nuestras vidas entretejidas con las vidas de los demás, como los hilos que forman el tapiz. Imagina miles de millones de hilos fabricados de todos los materiales imaginables, todos brillantes por la vida que encierran. Hay un hilo diferente para representar a cada persona que ha vivido en algún momento y están todos intrincadamente entretejidos para crear increíbles imágenes llenas de texturas con unos complejos y coloridos patrones. Los hilos se entrelazan, forma una trama que sube, baja, rodea y cruza por el centro de otros, con una belleza y una gracia impresionantes. Todo el tapiz parece vivo, una creación dinámica que se ve mejorada por el entrelazamiento de todos los hilos para formar montañas, océanos, elefantes, mangos, rascacielos, aviones, sofás, a ti, a mí y todo lo demás que hay en este mundo.

Ahora imagina que quieres seguir un hilo por todo el tapiz: entra y sale del entretejido una y otra vez, pasa por debajo después, toca hilos por aquí, envuelve a otros por allá y se cuela debajo de otros un poco más adelante. Ese hilo no los toca a todos directamente, pero algunos de los hilos que sí toca entran en contacto con otros por el entramado y la urdimbre de todo el tapiz. Y si lo vemos como un todo, todos los hilos están conectados para formar una obra de arte cósmica, bellamente cohesionada, que cuenta una historia exquisita y equilibrada. Ningún hilo se puede sacar sin que lo altere todo; cada hilo es indispensable para la imagen general y es un elemento vital de la historia. Ese hilo que te he pedido que sigas es un metáfora de ti y de tu vida.

Mientras vivimos nuestras vidas aquí, en el mundo físico, no vemos el tapiz completo con todas sus increíbles historias e imágenes, ni tampoco cómo cada hilo contribuye a formar la totalidad. Solo somos conscientes de nuestro momento presente, un punto en el tiempo en el viaje de un solo hilo. Desde esa perspectiva limitada hacemos todo lo que podemos con lo que sabemos en cada momento para tejer la historia que queremos contar. Puede que más tarde lamentemos la historia que hemos tejido, pero en ese momento no sabemos hacer otra cosa.

No obstante, es importante recordar que, independientemente de cómo veamos la historia desde la perspectiva de nuestro mundo físico, el tapiz completo es perfecto desde la posición estratégica del reino no-físico. Desde esa perspectiva más elevada, todo es como debe ser y no se puede mejorar. Por eso cuando estuve en el otro reino, no me percibí como un solo hilo. Tenía la visión omnisciente de todo el conjunto y podía ver, sentir y entender la *historia completa* que se había estado tejiendo desde *siempre*, incluyendo cómo estaba yo conectada con los otros hilos, combinada por aquí con unos y por allá con otros.

Hace muchos años, después de huir del matrimonio que mis padres me habían concertado, me sentí culpable por provocar la vergüenza de mi familia y la de mi prometido. Los matrimonios concertados son habituales en mi cultura, así que cuando rompí el compromiso, muchos de mi comunidad me rechazaron. Pero ¿y si no hubiera hecho nada *mal*, sino que lo hice *bien*? ¿Y si el universo no me estaba castigando o causándome sufrimiento por el mal karma de una vida anterior, como me hicieron creer en aquel momento? ¿Y si mis acciones me ayudaron a poner de relieve, al menos dentro de mi comunidad, algunos de los problemas fundamentales de los matrimonios concertados, sobre todo para aquellos que, como yo, se han criado en una comunidad multicultural? Tal vez yo estaba *destinada* a dar un paso adelante para hacer que otros, sobre todo los padres de mi comunidad que tienen hijos en edad de casarse, se pensaran dos veces las cosas antes de cometer el mismo error de juicio con sus hijos adultos.

Todos estamos conectados. Lo que hace cada uno de nosotros afecta a todos los demás, a todo el tapiz. Ya no siento culpa de haber huido, no me flagelo por haberle hecho daño a otros sin querer. Lo que ahora entiendo es que, en una perspectiva más amplia del universo, tal vez era así cómo se tenía que desarrollar todo. Ahora sé que debo liberarme de cualquier sentimiento de culpa y de autocrítica y confiar en que todo es como debe ser en este tapiz cósmico exquisito e infinito.

TODOS ESTAMOS CONECTADOS

Se han producido en mi vida muchas sincronías diferentes en los últimos años, que han servido para confirmarme una y otra vez lo conectados que estamos. Para mí una sincronía se produce cuando se hace una conexión entre otra persona y yo que no es posible que sea por puro azar, que es tan asombrosamente transparente e improbable que la idea de que sea una simple coincidencia es demasiado rocambolesca para considerarla siquiera.

Por ejemplo, cuando estaba en coma en el hospital de Hong Kong, en febrero de 2006, mi marido estaba a mi lado, deseando que volviera, mientras al mismo tiempo mi madre estaba en un templo hindú rezándole a Shiva, a la que le tenía mucha fe, y simultáneamente mi cuñada budista, Mona, estaba en la India, haciendo una meditación profunda de diez horas y entonando unos cánticos para que mejorara mi salud que se alargaron durante un período de tres días. Mona me contó después que cuando le quedaban cinco minutos para completar las diez horas de meditación y cánticos, recibió una llamada de mi familia para decirle que yo había salido de cuidados intensivos y que me trasladaban a una habitación en la zona de recuperación del hospital.

Otro ejemplo de esa sincronía es la forma en que Wayne Dyer llegó a mi vida y me ayudó a conseguir que se publicara mi primer libro. Como conté en *Morir para ser yo*, justo cuando decidí que estaba preparada para compartir mi historia con un público mayor, la escritora y regresionista a vidas pasadas Mira

Kelley leyó una crónica de mi ECM que yo había escrito en internet. Se quedó tan impresionada por mi experiencia que al día siguiente le mencionó mi historia a Wayne durante una conversación telefónica y él quiso leerla. Mira se la envió y él se quedó tan sobrecogido que decidió inmediatamente buscarme y ayudarme a publicar un libro en el que hablara de mi experiencia.

Pero incluso a menor escala siguen dándose estas sincronías que no solo me sirven para confirmar nuestra interconexión, sino que también le añaden una chispa a mi vida cotidiana. De repente alguien desea que yo aparezca (o yo quiero que aparezca alguien) y no sé cómo nos encontramos y ambos tocamos nuestras vidas de una forma muy profunda.

Hace unos cuantos años estuve en la India, visitando a mi madre en la ciudad de Pune solo unas semanas después de que saliera mi libro. Había salido en un especial de la cadena de televisión pública estadounidense PBS que presentó Wayne Dyer y mi vida estaba cambiando a un ritmo acelerado. Necesitaba la sensación de volver a casa y envolverme en el cariñoso abrazo de mi madre, así que me fui a pasar unos días con ella para tomarme también un descanso de mi ajetreado ritmo de viajes de acá para allá.

Pune es una ciudad enorme, de 5,5 millones de habitantes, y ha sido considerada un importante centro espiritual durante la mayor parte de sus 3.000 años de historia. Aunque mi madre vive en una parte bastante tranquila de la ciudad, una tarde fuimos a una zona muy concurrida del centro atravesada por una miríada de calles y callejuelas laberínticas, todas llenas de tiendas y puestos montados bajo el sol, que se cruzaban y serpenteaban en una total confusión de tráfico, ruido y un gran gentío. Mientras caminábamos, yo me sumergí totalmente en esa anarquía de colores, sonidos, olores y en la explosión de humanidad que se mezclaban en una gloriosa exuberancia.

Fuimos abriéndonos camino entre *rickshaws*, bicicletas y escúteres que tocaban el claxon para avisar de su paso y esquivando carros tirados por bueyes que avanzaban a paso de caracol. Recorrimos calles estrechas flanqueadas de puestos callejeros que vendían verduras cocinadas con especias, pan, aperitivos fritos, dulces, juguetes de plástico, preciosas telas, ropa, coloridos sombreros, bolsos, sandalias, globos, utensilios de cocina y mucho más. Esas imágenes y esos sonidos se mezclaban con los olores del incienso, el curry rojo, las verduras frescas y podridas, los humos de la gasolina, los perfumes y el estiércol de vaca. Todo ello suponía ese tipo de fiesta para los sentidos que no se puede describir, solo experimentar.

Mientras absorbía todo eso, vi una falda preciosa en el escaparate de una tienda pequeña y casi invisible, situada entre un puesto de especias y una tienda de confección a medida, justo en el centro de toda la vorágine. La falda tenía muchos colores y estaba hecha de retales de varias telas indias preciosas y me llamó la atención como el canto de una sirena, atrayéndome de tal forma que no pude resistirme, así que mi madre y yo entramos en la pequeña tienda para verla mejor.

—Hola —saludé—. ¿Puedo ver la falda de colores que tiene en el escaparate?

—Claro que sí —dijo una mujer joven con una bonita sonrisa que salió de detrás del mostrador.

Fue a la parte delantera de la tienda para bajar la falda del escaparate y me la dio. Yo me acerqué a un espejo de cuerpo entero y me miré con la falda colocada sobre la cintura.

—Pruébesela para que se la vea —sugirió muy amablemente—. Creo que le va a quedar muy bien.

Su manera de decirlo no fue nada apremiante, sino sincera y auténtica. Estaba claro que la tienda era suya y que se enorgullecía de lo que ofrecía. No le preocupaba solo hacer una venta; quería honrar y respetar nuestra conexión humana.

—¿Tienen probador? —pregunté.

—Sí, aquí, en este rincón, detrás de la cortina —dijo—. Solo tiene que cerrarla para poder probarse la falda.

Hice lo que me decía y me puse la falda. Cuando salí, tanto la dueña de la tienda como mi madre dijeron que era una falda muy bonita y que me quedaba realmente bien. Cuando me giré con intención de volver tras la cortina para cambiarme, la mujer me preguntó:

—¿De dónde es usted? Sé que no es de la zona porque tiene un acento que se nota que no es de por aquí.

—Es verdad —respondí desde detrás de la cortina—. No vivo en la India. Vivo en Hong Kong. Me crié allí.

—Vaya, ¡qué coincidencia más curiosa! —exclamó cuando le di la falda con intención de comprarla—. Ahora mismo estoy leyendo un libro increíble escrito por una mujer india que también se crió en Hong Kong. Se llama Anita Moorjani. ¿Ha oído hablar de ella?

Me quedé con la boca abierta cuando dijo mi nombre.

—¡Pero si soy yo! ¡Está leyendo mi libro! —dije muy sorprendida.

Entonces le tocó a ella quedarse estupefacta.

—¿Qué? ¡Está de broma! ¡No puede ser! ¡No me lo creo! —contestó, claramente perpleja. Metió la mano bajo el mostrador y sacó el libro con la tapa azul que me era tan familiar, miró la parte de atrás, donde estaba mi foto, y gritó—: ¡Oh, Dios mío! ¡Es verdad que es *usted*!

Y salió corriendo de la tienda para llamar a todos los vendedores de los puestos y las tiendas cercanas.

—¿Sabéis ese libro que no puedo dejar? ¿El que he estado leyendo a la hora de comer todos los días, cuando le pedía a todo el mundo que no me interrumpiera? —les dijo—. ¡Esta señora es la autora del libro! ¡Y ha entrado en mi tienda! —proclamó emocionada y llena de orgullo mientras yo sonreía de oreja a oreja.

Después le pidió a alguien que trajera té con especias para mi madre y para mí, sacó dos taburetes de madera plegables de detrás del mostrador y los colocó en el centro de la diminuta tienda.

—Siéntese, por favor. No puedo dejar que se vayan de mi tienda tan rápido —suplicó—. No me puedo creer que esté aquí, *¡en mi tienda!*

Me quedé sin habla. No sabía qué decir. Era una confluencia de conexiones tan impresionante, que había sucedido además en unos de los lugares más improbables del planeta, que me quedé totalmente maravillada. Mi libro solo llevaba dos meses publicado y encontrármelo allí, en Pune, y que lo estuviera leyendo justo la dependienta de esa diminuta tiendecita en la que había entrado, situada en medio de una maraña de callejuelas en pleno centro de esa ajetreada megalópolis, era demasiado que encajar.

—Por cierto, me llamo Gita —se presentó, todavía con la misma expresión de asombro que tenía yo.

—¿Y cómo es que está leyendo mi libro? —pregunté, porque sabía que todavía no había salido en la India; solo se había publicado en Estados Unidos y en unos pocos países más.

—Mi prima vive en Reino Unido —explicó Gita—. Ella se lo leyó primero y me lo envió diciéndome que tenía que leerlo.

—Es increíble lo pequeño que se ha vuelto el mundo y cómo estamos todos conectados —comenté—. Y es maravilloso que su prima, desde tan lejos como Reino Unido, le haya enviado mi libro y que ahora nos hayamos encontrado así.

—Mientras leía el libro, la verdad es que pensé que me gustaría poder conocerla algún día —confesó Gita—. Tenía muchas cosas dándome vueltas en la cabeza que tenía ganas de decirle. Estaba deseando que apareciera y, mire, ¡ha aparecido! —Tenía los ojos llenos de lágrimas cuando dijo todo esto.

—Creo que usted me ha atraído mentalmente hasta aquí —dije, segura de que yo estaba destinada a estar allí con ella y que ella estaba destinada a influir en mi vida de alguna forma también—. Siento que estoy aquí por usted, así que no dude en hacerme todas las preguntas que tenga.

Con los ojos todavía llenos de lágrimas, Gita me contó que tenía un hijo autista. Me pareció evidente que era una madre maravillosa, rebosante de amor hacia su hijo, y que él tenía mucha suerte de tenerla como madre. Pero ella tenía ciertos problemas y sentía como si su hijo y ella ya no se entendieran bien y esa situación le resultaba desgarradora. Me pidió un consejo.

—Yo le diría que deben comunicarse con el corazón y no con las palabras —contesté—. Recuerde que estamos todos conectados. Así que si *usted* se siente bien, su hijo también se sentirá bien. Y es muy importante que se preocupe también por usted y por sus necesidades.

»Todos los niños son muy sensibles a esa conexión que todos tenemos, pero he notado que los niños con necesidades especiales son incluso más sensibles que los demás —continué—. Su hijo siente lo que usted siente. Así que empiece por preguntarse qué necesita usted para sentirse más realizada y cómo puede quererse y apoyarse todavía más. Estoy segura de que cuando empiece a sentirse feliz de nuevo, eso tendrá un gran impacto en su hijo.

Gita pareció visiblemente aliviada. Después la conversación se volvió menos intensa y hablamos de sincronías y de lo asombroso que era que nos hubiéramos encontrado en una ciudad abarrotada de 5,5 millones de habitantes en el lado opuesto del planeta al lugar donde yo vivo. Nos quedamos sentadas charlando durante una hora y después llegó la hora de irnos. Cuando estaba a punto de pagarle la falda, Gita me puso la bolsa en la mano y dijo:

—No es necesario. Se la regalo.

—¡Pero no puedo aceptarlo! —respondí.

—No, insisto. Quiero que recuerde este encuentro siempre que se la ponga.

Me quedé muy conmovida por la generosidad de su espíritu. Acepté el regalo de Gita con mucho amor y cuando nos despedimos nos abrazamos como hermanas.

—Vuelva alguna vez —me dijo como despedida.

—Lo haré —aseguré—. La próxima vez que venga a Pune.

Mi madre y yo salimos de la tienda con una luz renovada y un paso muy animado, sabiendo que los intrincados designios del universo siempre nos llenarían de alegría y nos enseñarían el camino fuéramos a donde fuéramos.

PROYECTAR SOLO AMOR

Cada noche, antes de dormir, me quedo tumbada en la cama repasando lo que ha sido el día y enviando amor a todas las personas del planeta, sean quienes sean. Al fin y al cabo estamos todos conectados. No me importa lo que hayan hecho, a quién hayan ayudado o a quién hayan hecho daño (incluso si me lo han hecho a mí). Algunos sin duda serán asesinos en serie, criminales o violadores. Pero yo proyecto deliberadamente amor para *todo el mundo* y me visualizo expandiéndome y llegando a todos y cada uno (incluso los que están en el corredor de la muerte) para abrazarlos. Tal vez si hubieran sabido lo que es sentir amor, no habrían matado a nadie. El antídoto para el odio y la violencia no es más odio y violencia: es el amor.

Vivir el cielo *aquí* y *ahora*

Si «las coincidencias no son más que coincidencias» es un *mito*, entonces ¿cuál es la *verdad*?

Posibles verdades que merece la pena considerar:
- Somos parte de un gran todo cósmico conectado de una forma intrincada que no podemos ver, ni siquiera imaginar, en el reino físico.
- Si *todos* estamos conectados, cualquier cosa que haga daño a otro también nos hace daño a nosotros, y lo que ayude a otros nos ayuda a nosotros.
- Si viéramos este mundo físico desde ese estado conectado de no dualidad, seríamos conscientes de que todo lo que ocurre es perfecto justo como es, incluso si no parece así desde nuestra perspectiva terrenal más limitada.

Consejos y ejercicios:
- Cuando te critiques y te juzgues por algo que crees que has hecho mal en el pasado, recuerda que lo hiciste lo mejor que pudiste en ese momento, teniendo en cuenta lo que sabías o sentías.
- Aprende a seguir tus corazonadas cuando sientas que te guían para ir a alguna parte o decir algo. Permanece abierto a la posibilidad de establecer conexiones sincrónicas con los demás.
- Intenta volverte más compasivo con alguien al que estés juzgando solo un poco. Según te vayas sintiendo más cómodo abriendo tu corazón y aceptando mejor a esa persona o sus acciones, amplía tu compasión a otra persona

que hayas juzgado con más dureza que a la primera. En cuanto te vayas acostumbrando a extender tu compasión en un nivel, esfuérzate para pasar al siguiente y no dejes de avanzar.

- Pasa tanto tiempo o más del que pasas prestándole atención a noticias sobre sucesos negativos, leyendo o escuchando historias que elevan el espíritu. Recuerda que, aunque todo parezca deprimente y oscuro, lo que tienes delante solo son las cosas que cuentan en los medios. Existe la misma cantidad de cosas buenas en el mundo. Por eso, sin negar las cosas malas, busca las buenas y aprécialas.
- Cuando visites otro país o pases tiempo con gente de otra cultura, busca lo que tenéis en común (por ejemplo, el amor por los niños o la devoción por la familia). Aprende a ver las cosas como «diferentes» en vez de etiquetarlas como «extrañas». Y enseña a tus hijos a hacer lo mismo desde pequeños.

Preguntas para uno mismo:
- ¿Cómo estoy reprimiéndome o incluso haciéndome daño por mirar a personas y situaciones desde una perspectiva limitada y crítica?
- ¿Qué condiciones o circunstancias pueden empujar a alguien a hacer o decir algo que le haga daño a otra persona?
- Si sé con seguridad que estoy conectado con todo y con todos, ¿cómo puede afectar eso a lo que pienso, lo que digo o lo que hago?
- ¿Qué sensaciones de culpa mantengo todavía? ¿Puedo dar un gran paso atrás y ver lo que digo y lo que hago desde una perspectiva diferente y más compasiva? Si no, ¿puedo tener esa perspectiva en cuanto a las acciones de

un buen amigo o un ser querido? ¿Qué haría falta para
darme a mí la misma cantidad de comprensión y compasión que les doy a otros?

Sé que estoy experimentando una verdadera unidad cuando...
- Surgen maravillosas sincronías que me recuerdan que lo
  que puede parecer aleatorio y una simple coincidencia es
  realmente parte de un plan mayor por el que me están
  guiando para que avance.
- Me concedo a mí y a los demás el beneficio de la duda y
  reconozco que en último término todo funciona de forma conjunta para nuestro bien.
- Ante una situación dolorosa, en vez de responder con
  juicios o con ira, mi reacción inicial es mostrar al menos
  un cierto grado de compasión por aquellos que han causado el dolor o el caos.

CAPÍTULO SIETE

Mito: Pagamos por nuestros pecados a la hora de la muerte

NUESTRO AVIÓN SOBREVOLÓ LOS ÁNGELES, preparándose para aterrizar, y yo miré por la ventanilla los tejados que había debajo. Vi parques, jardines, piscinas y coches en atascos. Desde el aire todo parecía de juguete.

Cuando volamos yo siempre me quedo con el asiento de la ventanilla y Danny con el del pasillo. A él le gusta la flexibilidad de poder levantarse y caminar para estirar las piernas, mientras que a mí me encanta mirar por la ventana y hacerme una idea de cómo es la ciudad en la que estamos a punto de aterrizar. Ver los edificios y los barrios, las carreteras y los puentes colgantes, las montañas y los campos me entusiasma. Me gusta incluso mirar cuando estamos por encima de las nubes, porque me da la sensación de que me estoy fundiendo con el universo, algo parecido a lo que sentí durante mi ECM en 2006.

—¡Mira, Danny! ¡El famoso cartel de Hollywood! —exclamé ilusionada y aparté la cabeza para que lo viera.

Esa no era la primera vez que aterrizábamos en Los Ángeles. De hecho, la mayoría de los vuelos nacionales que cogíamos en Estados Unidos hacían conexión en ese aeropuerto y ya empezábamos a conocerlo bien, porque yo cada vez tenía más conferencias dentro y fuera de California. Cuando Danny se inclinó para mirar por la ventanilla, sentimos un repentino tirón hacia arriba y el avión empezó a ascender hacia el cielo claro y azul.

—Señoras y caballeros, les habla el comandante —anuncia una voz masculina por la megafonía—. Disculpen los inconvenientes, pero hemos tenido que abortar el aterrizaje. Hay un pequeño problema mecánico con el tren de aterrizaje. Estamos trabajando para resolverlo y volveremos a intentarlo dentro de unos minutos. No se alarmen si ven que se acercan al avión por la pista camiones de bomberos y ambulancias. Es el procedimiento de seguridad estándar.

Danny y yo no miramos con expresión divertida.

—Bueno, al menos estamos juntos —dije—. Si nos toca dejar este mundo, no tendrás que ir a buscarme para traerme de vuelta.

Lo decía en broma, pero nueve años antes, cuando estaba en lo que todo el mundo creía que era mi lecho de muerte, nadie bromeaba. El 2 de febrero de 2006 estaba en coma con un linfoma terminal y mis órganos empezaron a apagarse. Llevaba luchando con ese cáncer cuatro largos años y ese día de febrero los médicos le dijeron a mi familia que habían llegado mis últimas horas.

Durante ese duro trance, Danny fue mi fuerza. Me mantenía en la lucha y cuando al final me quedé en coma, no se apartó de mi lado ni dejó de cogerme la mano ni de hablarme en susurros, pidiéndome que volviera con él. Y durante mi estancia en el otro lado, sentí que el objetivo de la vida de Danny y el de la mía estaban vinculados, y que si yo hubiera elegido morir en aquel momento, él me habría seguido al poco tiempo, porque sin mí no habría sido capaz de lograr su objetivo. Pero eso nunca nos pareció algo malo. Solo nos dejó claro que estábamos hechos para estar juntos, en la vida y en la muerte, y que, aunque hubiera escogido la muerte, no lo habría perdido.

Somos dos personas opuestas en muchos aspectos: a Danny le gusta el frío y a mí el calor; a él le gusta la lluvia y a mí el sol; a él le gusta la ciudad y a mí la costa; yo soy más artística y él es más analítico; yo soy más visual y él es más técnico. Pero siempre hemos estado tan sincronizados y nuestras vidas tan entrelazadas, que muchas veces es difícil determinar dónde termina él y donde empiezo yo.

—No vamos a morir —respondió Danny con tono de broma, mientras el avión se elevaba sobre Los Ángeles, pero buscó mi mano y me la cogió—. Si el tren de aterrizaje no baja, harán un aterrizaje de panza.

—Oh, genial —exclamé con un suspiro—. ¿No es ahí donde está guardado el equipaje? ¡Pues sí que iba a ser un desastre si se abren las tripas del avión y toda mi ropa, los chales, los zapatos y los bolsos salen volando y se desperdigan por toda la pista!

—No, eso no puede pasar, porque no se hace así —aseguró Danny soltando una risita—. Echan espuma en la pista, que actúa como lubricante y retardante del fuego.

Aunque él sabía que solo pretendía quitarle hierro a la situación, su mente analítica había visualizado la situación y encontrado una solución al problema antes incluso de que hubiera llegado a producirse, una reacción muy típica de él; algo a lo que me he acostumbrado tanto, que he llegado a depender de ello.

Nuestra conversación quedó interrumpida por el chirrido que hizo el tren de aterrizaje al descender. El alivio de los pasajeros fue palpable cuando el avión tocó por fin la pista, justo delante de la terminal internacional Tom Bradley del aeropuerto de Los Ángeles.

EXTRAÑOS EN UN AEROPUERTO

Cuando nos dirigimos a la puerta 44 para embarcar en nuestro vuelo de conexión a San José, me dio la sensación de que había un hombre que me estaba mirando fijamente. Pero cuando yo le miré, él apartó la vista, así que me dije que habría sido mi imaginación.

En la puerta designada, Danny y yo le enseñamos a la persona que estaba allí nuestras tarjetas de embarque y entonces nos informaron de que el vuelo se había retrasado dos horas por culpa de la niebla. Vaya… un retraso de dos horas para un vuelo que solo duraba una. La mujer de la puerta entendió la situación, pero no había nada que pudiera hacer. Preguntamos si había algún otro vuelo y ella lo comprobó, pero no había ninguno. Teníamos que esperar, aunque no se podía decir que no estuviéramos muy acompañados, porque la ciudad llevaba toda la mañana envuelta en la niebla y todos los vuelos de ese día acumulaban retrasos.

Lo único que podíamos hacer era sentarnos y ponernos cómodos, así que Danny y yo encontramos unos asientos y él se puso a buscar un enchufe donde cargar su iPad, porque teníamos por delante una larga espera. Yo quería tomarme una taza de té antes de sacar el mío y mirar mi correo electrónico, así que dejé la maleta junto al asiento y le pregunté a Danny si quería algo de la cafetería. Él me pidió que le trajera una taza de café.

Fui hasta la cafetería que había al otro lado del pasillo, la única en esa parte de la terminal, y pedí té con especias para mí y café para Danny. Cuando volvía hacia nuestros asientos, sentí de nuevo que alguien me miraba. Me giré y vi al hombre de antes, pero esta vez él no apartó la vista. Sus ojos oscuros y penetrantes me miraron fijamente, asintió con la cabeza y me sonrió un poco como para demostrar que sabía quién era. Tendría unos cuarenta y tantos y un pelo canoso que daba la impresión de haber sido originalmente oscuro. Pero lo que más me llamó la atención fue la tristeza de su expresión.

Asentí yo también, sonreí y después seguí mi camino hasta donde estábamos sentados con el té y el café. Dejé las bebidas en el suelo, justo delante de los asientos, y me acomodé. Cogí mi bolso y saqué mi iPad. Cuando volví a levantar la vista, el hombre de los ojos oscuros y tristes estaba de pie justo delante de mí y se le veía un poco cohibido.

—Hola —saludó—. ¿Es usted Anita Moorjani?

—Sí, soy yo —contesté, sorprendida de que supiera mi nombre.

—He leído su libro y he visto muchos de sus vídeos en You-Tube —confesó con una leve sonrisa—. Su mensaje me ha dado mucho consuelo.

—Muchas gracias. Me alegra mucho que mi mensaje le haya resultado útil —respondí con una amplia sonrisa.

Todavía me sorprende que la gente me reconozca en cualquier parte, aunque cada vez ocurre con más frecuencia.

—Eh… ¿Podría hablar con usted un momento? —pidió el hombre.

Él evidentemente sabía que no iba con prisa a coger un vuelo, porque acababa de comprarme una taza de té y me había sentado con el iPad.

—Claro, ¿por qué no se sienta? —dije señalándole el asiento que había a mi lado.

—Me llamo Ron, por cierto —se presentó al sentarse y me estrechó la mano.

—Encantada de conocerle, Ron. Y este es mi marido, Danny —contesté señalando a Danny, que estaba sentado al otro lado.

—¡Hola, Danny! Siento acaparar la atención de su mujer.

—No se preocupe, Ron. Ya estoy empezando a acostumbrarme —respondió Danny, bromeando.

—No me puedo creer que me haya encontrado con usted. Tengo su libro *Morir para ser yo* justo aquí. —Y sacó un ejemplar del libro. Parecía muy usado, con las esquinas de las páginas dobladas—. Lo leí muchas veces hace unos meses, pero me lo he traído en este viaje para releerlo —explicó—. Y mientras lo leía, pensaba en todas las preguntas que le haría si me la encontrara en alguna parte. Y ahora está aquí, justo delante de mí. ¡Es que me parece increíble! —confesó con cara de incredulidad.

Aunque estas cosas (que la gente quiera encontrarme y yo aparezca de repente en sus vidas) me pasan cada vez más a menudo, me revolví en el asiento, me ruboricé y no supe qué decir. Danny acudió en mi ayuda.

—¡Bienvenido a nuestro mundo, Ron! Desde ese acercamiento a la muerte que tuvo Anita, nuestra vida ha estado tan llena de casualidades como esa que ya ni siquiera nos las cuestionamos. Yo me despierto cada mañana y le pregunto: «¿Qué es lo que vas a manifestar hoy?» y después me abrocho el cinturón y me preparo para otro día de aventuras y sorpresas.

Ron rió y pareció sentirse mucho más cómodo al instante.

—Bueno, yo creo que en la vida las cosas no pasan por accidente —contestó— y que todo tiene un propósito mayor que la mayoría de las veces está fuera de nuestra comprensión. Que los haya encontrado a ustedes aquí hoy parece ser parte de esa consciencia expandida e infinita sobre la que escribió con tanta elocuencia en su libro.

—Puede hacerme las preguntas que quiera —le animé con una sonrisa—, pero no se sorprenda si se ve en las páginas de mi siguiente libro…

En un primer momento Ron rió, pero después se quedó mirando al suelo y empezó a luchar claramente con sus emociones.

VIVIR CON LA CULPA

—Mi esposa, Trish, falleció hace seis meses —comenzó— y me está costando mucho asumirlo. Todavía la echo mucho de menos. No sé si alguna vez voy a superar su pérdida.

—Siento mucho oír eso —respondí con una tristeza verdadera por la situación que estaba viviendo ese hombre—. No hay un límite de tiempo para el dolor. Debe darse todo el tiempo que necesite y no juzgarse ni reprenderse si nota que no está listo para empezar a vivir otra vez.

Siempre me ha sorprendido cuánto énfasis ponen la mayoría de las escuelas espirituales y religiosas en los rituales para el que se ha ido, pero el poco consuelo que les ofrecen a los que se quedan, los que tienen que soportar la pérdida, el dolor, el enorme vacío que queda cuando los seres queridos dejan este plano y se van al siguiente.

—Ahora mismo tiene que cuidarse usted. Esa es su tarea principal. Eso es lo que querría Trish —aconsejé, esperando que le sirviera de ayuda.

Pero detecté que había algo más en su historia que todavía no había compartido, un detalle más profundo que era lo que realmente le afligía. Como si le hubiera dado algún tipo de señal, Ron se quedó mirando fijamente el suelo otra vez.

—Pero lo que lo complica todo —confesó hablando despacio—, es que ella se quitó la vida. Se suicidó y yo llevo todo este tiempo sintiéndome culpable por ello.

Ahí estaba el verdadero problema.

—Entonces alguien me regaló su libro —continuó de nuevo mirándome a los ojos—. Al principio me daba mucho miedo leerlo. Me asustaba lo que podía encontrar. Estaba totalmente atormentado por la culpa; Trish se tomó un frasco de pastillas una noche, cuando yo estaba fuera en un viaje de negocios. Me sentí fatal por no haberlo visto venir y por no haber podido evitarlo. No he podido dormir bien desde esa noche.

Mi corazón se solidarizó inmediatamente con Ron. Sentí la culpa y la tristeza que tenía alojadas en lo más profundo y deseé poder meter la mano en su interior y arrancarle esas emociones que tanto daño le estaban haciendo. El dolor ya es bastante difícil de soportar, pero la culpa añade otra capa que complica aún más el proceso del duelo.

—Un día alguien me envió un *email* con un enlace a un vídeo —prosiguió Ron—. Era una de sus charlas. Como una persona me había regalado su libro y otra me envió ese enlace a su vídeo, me lo tomé como una señal de que debía escuchar su mensaje. Empecé viendo el vídeo y me consoló mucho saber que mi esposa probablemente estará bien y que nadie la va a juzgar por haberse ido de este mundo así. Que pudiera recibir algún castigo por ello era uno de mis grandes miedos.

»Tras ver el vídeo, leí su libro. Y me encantó. El libro me dio aún más consuelo y me sentí muy agradecido. Después de eso busqué por internet todas sus entrevistas para verlas. Puse su nombre en Google y devoré todo lo que había colgado sobre usted. Pero aunque empecé a sentirme mejor después de oír su mensaje, todavía tengo muchas preguntas. Y sigo sin saber qué hacer con toda esta culpa.

Se le llenaron los ojos de lágrimas, así que saqué rápidamente un pañuelo del bolso y se lo tendí.

—Vaya, veo que ha sido una época muy difícil para usted —dije—. Y siento mucho oírlo.

Él me cogió el pañuelo y se volvió hacia un lado para enjugarse discretamente las lágrimas antes de que le cayeran por las mejillas.

LA MUERTE NO ES EL FINAL

En ese momento, aunque me sentía muy mal por Ron, ver lo que estaba pasando ese hombre me hizo sentirme agradecida por tener a Danny en mi vida. Aunque había experimentado la felicidad de la muerte y sabía que era un estado perfecto y maravilloso, no quería ni pensar en vivir en este mundo sin Danny. Por eso supe que asegurarle a Ron en ese momento que su mujer había ido a un lugar mejor no iba a ser suficiente; eso no aliviaría su dolor ni su culpa.

Después de haber hablado con muchas personas que han perdido seres queridos, sé que la muerte nos destroza completamente. Cambia nuestro mundo, nuestros objetivos y nuestra perspectiva de una forma tan drástica, que incluso nos cuesta imaginarnos un futuro en el que no esté la persona querida que hemos perdido. Para muchos cuyas vidas giraban exclusivamente alrededor de la persona que se ha ido, la vida como la conocían simplemente ya no existe. Así que sabía que soltarle a Ron una aguda cita de autoayuda no le iba a ayudar en ese momento. Sentía que él necesitaba algo más, algo que le permitiera seguir adelante. Pero tenía que tener cuidado de que mis palabras no sonaran demasiado simplistas.

—Trish no quiere que usted se sienta culpable por lo que ella hizo —le aseguré a Ron.

—¿De verdad? ¿Está segura? —preguntó con los ojos muy abiertos, llenos de esperanza.

—Sí, totalmente segura —afirmé—. Cuando estuve fuera de mi cuerpo, lo único que sentía era amor incondicional por todas las personas de mi familia. No quería que ninguno de ellos sufriera por mí. Quería que fueran felices y nada me hacía más feliz a mí que verlos contentos a ellos. Le puedo asegurar que eso es lo que quiere Trish ahora mismo. Quiere verle feliz. Eso es lo que todos nuestros seres queridos fallecidos quieren para nosotros. Si Trish pudiera decirle algo ahora mismo, sería que estuviera seguro de que lo que ella hizo no es culpa suya. Lo hizo por culpa de su propio dolor y de su incapacidad para soportarlo. Estoy segurísima de ello.

Vi un destello de alivio que cruzó la cara de Ron, pero desapareció tan rápido como había asomado cuando él añadió:

—Pero discutimos justo antes de que se quitara la vida. Me siento fatal por eso. Mi mente no hace más que repasar todos los posibles «¿y si...?». ¿Y si no hubiéramos discutido? ¿Y si en vez de eso le hubiera dicho que la quería? ¿Habría hecho lo que hizo entonces? —En ese momento su mirada volvió a fijarse en el suelo—. E incluso si realmente está en un lugar estupendo —continuó en voz baja—, me duele no haber tenido una última oportunidad para decirle que la quería.

—Puede hablar con ella ahora —sugerí—. Le oye, se lo prometo. Puede plantearle cualquier cosa que se haya quedado pendiente. De hecho ella ya sabe lo que hay en su corazón y en su cabeza, pero a usted le ayudará hablar con ella directamente. Vaya a un lugar tranquilo y seguro que le oirá. Yo oía todos los pensamientos de mi marido cuando ya no estaba en mi cuerpo. Sabía todo lo que estaba pensando y cuánto me quería. Y lo único que sentía por él era amor incondicional. Sé que Trish tiene que sentir lo mismo por usted ahora. Si pudiera comunicarse con usted, seguro que querría que supiera eso. —Hice una pausa antes de añadir—: No creo que nadie se vaya antes de que llegue su hora. Ni tampoco que usted tuviera nada que ver con que ella se fuera. La gente no se quita la vida por una discusión; es mucho más complejo que eso y entran en juego muchos elementos diferentes. Aunque no hubieran discutido, o incluso aunque ese día le hubiera dicho que la quería, antes o después alguna otra cosa habría desencadenado su deseo de quitarse la vida. Estas cosas tienen que ver con la forma en que la persona interpreta las experiencias de su vida, el filtro con el que ve el mundo y el lugar que ocupa en él, y todo eso es algo que está fuera de su control.

»Aunque ahora esté en otro lugar, querrá que usted encuentre paz y felicidad. Ella lo quiere incondicionalmente y nada la haría más feliz que verlo alegre de nuevo.

EL DÍA DEL JUICIO NO VA A LLEGAR

La expresión de Ron se suavizó considerablemente, pero entonces preguntó:

—¿Y el juicio? Yo he estado toda la vida creyendo que quitarte la vida tiene consecuencias muy graves. Y, aunque la he oído decir en muchas entrevistas que no es así, a veces tengo miedo por ella. ¿Cómo puede estar tan segura de que ella no va a tener un juicio? —Mientras formulaba esa pregunta, la tristeza y la preocupación volvieron a su cara.

—Estoy totalmente segura de que no hay ningún juicio, sobre todo para los casos de suicidio —aseguré con una convicción total—. Algunas personas pueden tener en algún momento lo que se suele llamar una «revisión vital», en la que repasan y evalúan toda su vida, pero lo que queda al final es exclusivamente amor incondicional. Una persona tiene que estar soportando mucho dolor para elegir dejar esta vida; no es posible que tenga que asumir un nuevo castigo en la siguiente. Donde está ella solo hay amor incondicional y compasión. Confíe en lo que le digo: lo sé.

—Es tranquilizador —afirmó Ron—, pero he oído los testimonios de algunas personas que tuvieron una experiencia cercana a la muerte muy negativa, en la que, en el breve tiempo que estuvieron en el otro reino, vieron oscuridad o algo que les daba mucho miedo. A veces me preocupo por Trish y solo deseo que no esté pasando por algo así como consecuencia de lo que hizo. Creo que eso es lo que más me preocupa...

—Sé que las personas que tuvieron esas experiencias tan negativas sintieron que eran muy reales —contesté—. Y yo no pretendo desacreditar las experiencias de los demás. Pero lo que quiero asegurarle es que, al final, todo el mundo llega a un lugar positivo. Los expertos que investigan las ECM hacen hincapié en que muy pocas personas han tenido experiencias que califiquen de totalmente negativas. Además, muchas veces esas personas seguían estando bajo el efecto de los miedos que habían acumulado en esta vida. Ya sabe cuántas cosas aterradoras hay en este mundo. Muchos nos hemos alimentado con una dieta rica en un miedo que invade nuestras mentes y, a veces, si se produce una muerte repentina, nos llevamos nuestros miedos con nosotros al otro lado. Pero si permanecemos en ese reino el tiempo suficiente, esos miedos se disuelven, porque perdemos la vinculación con nuestra mente y nos reconectamos con nuestra verdadera esencia: el amor incondicional. En ese estado, lo único que sentimos es compasión, ausencia de miedo y aceptación total.

Cuando toqué ese tema, Ron se puso serio.

—Trish tenía mucho miedo a la muerte y a lo que pasaría después —contó—. Tuvo una infancia muy difícil, en la que sufrió maltrato, y eso la dejó marcada. Como resultado, hizo algunas cosas que no debería. En su infancia le inculcaron unas creencias religiosas terroríficas sobre el infierno y sobre que seremos castigados por nuestros pecados. Por eso a menudo pensaba que Dios la iba a castigar cuando muriera. Espero que no esté pasando por un infierno personal por culpa de esas creencias.

LA MUERTE, EL MIEDO Y LA RELIGIÓN

Desde mi experiencia cercana a la muerte, muchas veces me asombra lo imaginativos que somos los humanos; hemos creado montones de historias a lo largo de los milenios para explicar lo que pasa después de la muerte. Como Trish, yo también tenía mucho miedo a la muerte antes de mi ECM. Tenía miedo del karma y, de hecho, creía que mi cáncer lo había *causado* ese karma, así que me pasé la vida haciendo cosas que me aseguraran un karma positivo tras la muerte. Pero muchas veces esas acciones positivas no salían del amor, la empatía y la compasión, sino más bien del miedo al karma negativo.

Durante mi ECM no solo me separé de mi cuerpo físico; también dejé atrás mi raza, mi cultura, mi sexo y mi religión. Perdí todas esas capas de valores y creencias que mi ser físico había acumulado en esta vida, como si hubiera mudado de piel dejando atrás la antigua. Y me sorprendió descubrir que todas esas partes de mi identidad en la vida física no tenían nada que ver con mi *ser infinito*. Y, si mi ser infinito no incluía esos elementos, ¿qué quedaba tras librarme de todas esas capas? No era una versión reducida de mí, sino algo mucho mayor. Era pura esencia, pura consciencia, puro amor, pura divinidad; se puede llamar de muchas formas, pero ninguna palabra puede trasmitir la totalidad de lo que yo sentí. Yo no experimenté nada más que amor, empatía y compasión por mí y por todos los que se habían cruzado en mi vida, tanto si me habían hecho daño, como si lo que habían hecho era ayudarme. Me di cuenta de que incluso aquellos que parecía que me habían hecho daño me habían ayudado a pasar al siguiente nivel de mi vida de una forma positiva, aunque en su momento no me lo pareciera.

Podría decirse que ese proceso fue mi «revisión vital», pero eso no es ni mucho menos suficiente para describir esa experiencia extática. No sentí dolor, ni furia, ni culpas, ni juicios (ni hacia mí ni hacia los demás); me sentí muy amada y completamente segura.

Tras volver a esta vida y a mi cuerpo, recuerdo que me pregunté por qué nunca nos enseñaban lo incondicionalmente amados, lo puros y lo increíbles, poderosos y magnificentes que somos. Por qué nunca nos enseñaron que no hay juicios y que lo más importante en lo que podemos centrarnos es el amor y no el miedo al castigo. Pero, pensándolo bien, ¿quién nos lo iba a enseñar? La mayoría, incluso los que enseñan a otros lo que pasa tras la muerte, no conoce esa información. Solo sabemos lo que nuestra cultura o nuestros principios religiosos nos enseñan, y hablamos de principios escritos hace miles de años por hombres que pertenecían a una era y una cultura completamente diferentes.

Creer que tenemos que someternos a un juicio en la otra vida altera significativamente la vida que vivimos aquí (y muchas veces de una forma que no es precisamente positiva). Esa creencia nos mantiene inmersos en el miedo a lo que nos pasará en el otro lado, así que, en vez de hacer el bien por amor o bondad, corremos el peligro de actuar por miedo a ser castigados tras la muerte. Y el miedo *no* es amor.

Durante mi ECM, todos los arrepentimientos por lo que había hecho mal salían de mí, no me llegaban desde el exterior. No vi ningún ser que estuviera fuera de mí y que viniera a juzgarme, ni que me hubiera estado observando y esperando a que hiciera algo mal para castigarme. La sociedad nos condiciona para que pensemos que nos observan y nos juzgan y que ese juicio lo llevará a cabo algo externo a nosotros, porque vivimos en un mundo de dualidades. Pero cuando no existe esa dualidad, solo hay pura consciencia, puro amor incondicional y aceptación total. No hay nada fuera de nosotros. Todo está conectado; todo se conoce. Y nos damos cuenta de que tanto la víctima como el autor del crimen son parte de *la misma consciencia*. No hay «nosotros» y «ellos»; *todo* es nosotros. Todos somos dos lados de la misma moneda.

Ojalá hubiera sabido esto antes. Ojalá no me hubieran enseñado a temer la otra vida, porque allí me iban a juzgar y a castigar. Ojalá en vez de eso me hubieran enseñado empatía y compasión por mí y por los demás miembros de la familia terrenal, y me hubieran dicho también que estamos todos conectados y que todos nos afectamos entre nosotros.

LA GUÍA QUE NOS ACOMPAÑA

Sentada en el aeropuerto de Los Ángeles, intenté trasmitirle todo eso a Ron.

—No tengo ni la más mínima duda de que Trish está bien. Seguro que sí —le tranquilicé—. Y también creo que este encuentro ha sido propiciado por ella. Ponerme en su camino seguramente ha sido su forma de asegurarle que no tiene de qué preocuparse y que quiere que encuentre paz en su vida de nuevo. Ahora solo necesita hacer lo que pueda para cuidarse. *Ella* está bien; solo está preocupada por *su* bienestar.

—Oh, gracias. Necesitaba oír eso —reconoció Ron con gran alivio.

Su postura había cambiado visiblemente y estaba claro que nuestra conversación le estaba llegando al corazón.

—Me alegro de que le ayude. Y también estoy segura de que su mujer sigue pendiente de usted, observándole. Nuestros seres queridos siempre nos tienen vigilados. Y como le he dicho antes, Trish le oye, así que no es demasiado tarde para tener una conversación. Puede hablar con ella como si estuviera aquí físicamente y trasmitirle todo lo que no tuvo oportunidad de decirle cuando todavía estaba con vida. Sin duda será algo muy catártico para usted y por eso le animo a hacerlo. De hecho, tenga con ella todas las conversaciones que necesite. Aunque mejor háblele cuando esté solo, para que la gente no piense que se ha vuelto majara —concluí, intentando introducir un toque de humor en una conversación tan seria.

—La gente ya cree que estoy majara, así que eso no va a ser un problema —respondió Ron con una carcajada.

—¡Pues bienvenido al club! —dije yo y ambos reímos.

—Por cierto, estoy convencida de que Trish se va a comunicar con usted —añadí—. Querrá que sepa que está bien. En los momentos de mayor tranquilidad puede que empiece a notar su presencia y llegará a intuir cosas que ella quiere que usted sepa.

—De hecho he empezado a sentir su presencia de vez en cuando —confesó, un poco emocionado—. Tras escuchar una de sus entrevistas en vídeo empecé a sentirme mejor y logré relajarme un poco. Desde entonces me siento como guiado por ella. Es como si hubiera sido ella la que me llevó hasta sus vídeos, como si supiera que me iba a sentir mejor tras oírla.

Sentí que me ruborizaba un poco.

—Me alegro de haber sido el catalizador para que su mujer empezara a ayudarle —dije con auténtica gratitud.

En ese momento, como si hubiera habido alguna señal, el personal de la puerta de embarque anunció la salida de nuestro vuelo a San José. Danny se volvió hacia nosotros y dijo:

—Perdonad que os interrumpa, pero tenemos que embarcar ya.

Sentí la ligereza que había ahora en Ron; un contraste muy fuerte con el hombre que me encontré antes, que tenía un gran peso en su interior. Supe que esa alegría que acababa de encontrar no provenía solo de mis palabras, sino también de la certeza de que su mujer todavía estaba con él, guiándole. Y que, de hecho, había sido ella probablemente la que le había llevado hasta mí ese día para que pudiera llegar a saber que estaba *bien*.

Cuando nos levantamos, Ron me miró y dijo:

—No sé cómo darle las gracias.

—Ya me las ha dado —dije con una sonrisa pícara—. Me ha dado un capítulo para mi siguiente libro.

—Utilice cualquier cosa que crea que puede serle de ayuda a otras personas —concedió con total sinceridad—. Tiene mi permiso y mi bendición para utilizar mi historia.

Nos abrazamos y me fijé en que se le llenaban los ojos de lágrimas de nuevo, como si supiera que su mujer estaba presente. Danny yo empezamos a caminar hacia la puerta y me despedí de Ron con la mano antes de girar la esquina y dirigirme al avión.

Me preocupa que tantos de nosotros nos hayamos visto condicionados a esperar y temer el juicio que se supone que llegará después de la muerte. Y las instituciones a las que recurrimos cuando tenemos miedo o cuando buscamos respuestas o consuelo son las que perpetúan esa creencia errónea. Es como si esas instituciones utilizaran el miedo para controlarnos y asegurarse de que no hagamos daño a los demás. Pero teniendo en cuenta la situación de nuestro planeta y que las cárceles que hemos creado están a rebosar, me parece que esa teoría no funciona muy bien.

Creo que conocer la verdad de que *somos* amor y que nos aman incondicionalmente (además del hecho de que estamos todos conectados) nos puede ayudar a sentir una verdadera empatía y compasión por los demás. Si todos interiorizáramos ese conocimiento en nuestros corazones, actuaríamos con más bondad y respeto por nosotros, por los demás e incluso por nuestro planeta. Y nuestra forma de ver la vida, al igual que la de ver la muerte, estaría llena de amor y no de miedo. Espero en lo más profundo de mi ser que eso llegue a ocurrir.

Vivir el cielo *aquí* y *ahora*

Si «cuando llegue la hora de nuestra muerte seremos juzgados y castigados por nuestros pecados» es un *mito*, entonces ¿cuál es la *verdad*?

Posibles verdades que merece la pena considerar:
- En el otro reino solo existe el amor incondicional y la compasión por todos nosotros; no hay juicios ni castigos por lo que hicimos o no hicimos en la tierra (y eso se aplica también a aquellos que han cometido lo que nosotros, en nuestro mundo de dualidad, consideramos actos atroces, como el suicidio o el asesinato incluso).
- Nuestro ser infinito (lo que somos en el otro lado) carece completamente de todo lo que tenía nuestra identidad en el mundo físico (por ejemplo la raza, el sexo, la cultura o la religión). No nos llevamos esas características con nosotros, ¡ni falta que nos hace!
- Cuando estamos en el otro reino, no sentimos dolor, ni furia, ni culpa, ni miedo, ni juicios. Sentimos una comprensión absoluta, una aceptación total, un amor incondicional y el feliz éxtasis que produce la unión con la naturaleza divina de todo lo que existe.

Consejos y ejercicios:
- Busca señales de que tus seres queridos siguen bien y felices en el otro reino y que quieren que sepas que todavía te quieren y se preocupan mucho por ti. Las señales son tan variadas como las almas que las envían, pero pueden incluir apariciones inesperadas, conductas inusuales de un animal, una leve excitación sin que nadie te haya

tocado o una interesante formación de nubes que te recuerda de alguna forma a la persona que se ha ido. También se te pueden aparecen tus seres queridos en los sueños. Cuanto más abierto y atento estés, más probable es que reconozcas esas señales.

- Desarrolla una compasión mayor por ti y por los demás, reconociendo que todo el mundo lo hace lo mejor que puede en cada momento con los recursos que tiene a su alcance.

- Date cuenta de que lo que sueles juzgar en los demás (y lo que ellos juzgan de ti) tiene más que ver con las heridas que tiene la persona que juzga que con la persona que es víctima del juicio. En el otro reino no hay nada que juzgar; somos simultáneamente los dos lados de la moneda.

- Fíjate en que la forma más efectiva de educar a un niño no se basa en castigarle por las cosas que hace mal, sino en celebrar lo positivo. Reflexiona sobre por qué es así y sobre si una filosofía similar podría estar funcionando a escala universal.

Preguntas para uno mismo:
- ¿Me aplaco pensando en «lo que les espera después de morir» a los que me han hecho algún daño? ¿Estaría dispuesto a abandonar esas fantasías y a aceptar el hecho de que todos estamos conectados y somos uno, y por tanto cualquier mal que les desee a los demás me lo estoy deseando a mí?

- ¿Puedo aceptar que cuando me juzgo y me digo que me falta algo, estoy dudando a la vez de la perfección del universo?

- Si estuviera en mi lecho de muerte ahora mismo, ¿qué querría decirles a los que dejo en el plano físico? ¿Qué partes de mí querría compartir con ellos? ¿Qué les diría que pudiera servir para facilitarles el proceso de soportar mi ausencia física?

Sé que no tengo miedo de mi muerte o de la muerte de mis seres queridos cuando...

- Sé que la muerte no es el fin y que podré ver e incluso comunicarme con mis seres queridos en algún momento después de que fallezcan (y también podré hacerlo con los que deje aquí cuando abandone este reino terrenal).

- Me alegro por aquellos que se han ido al otro reino, porque sé que están en un estado de pura felicidad, paz y amor incondicional y que ellos me desean lo mismo a mí, al margen de cómo fuera nuestra relación en el plano físico.

- Siento empatía y compasión por mí y por los demás y no albergo juicios. Entiendo que todos estamos conectados y que todos somos expresiones del amor divino, independientemente de lo que hayamos dicho o hecho en el plano físico.

CAPÍTULO OCHO

Mito: La gente espiritual no tiene ego

—NO LO ENTIENDO —dijo Jane—. La mayoría de las enseñanzas espirituales nos dicen que el ego impide el crecimiento espiritual y que necesitamos aprender a superarlo o a trascenderlo. Tú eres la única que dice que hay que potenciar el ego. ¿Cómo explicas eso?

Jane, una mujer que participaba en un retiro que yo estaba dirigiendo en un bonito lugar de la Inglaterra rural, no tenía intención de ofenderme con esa pregunta, ni tampoco quería crear una confrontación. Solamente estaba expresando su sincero deseo de entender mi perspectiva.

—Es una duda muy interesante —respondí—. Mucha gente me lo pregunta. Hay muchas opiniones en conflicto sobre lo que significa la palabra *ego*, así que entiendo tu confusión. Me alegro de que hayas sacado el tema.

Éramos unos veinticinco, reunidos alrededor de una chimenea en el cómodo restaurante de un hotelito de Burgh Island, una pequeña isla frente a la costa sur del condado de Devon (Inglaterra) a la que solo se puede acceder cuando la marea está baja. Yo había estado enseñando en un retiro de cinco días en el Schumacher College, un centro de aprendizaje transformador, vida sostenible y educación holística situado en la cercana población de Dartington. Ese mismo día, horas antes, nuestro grupo había hecho una excursión en autobús desde el centro de formación hasta el pueblo de Bigbury-on-Sea, en la costa de Devon. Allí paseamos por la bonita playa de arena y pronto decidimos cruzar el paso elevado que llevaba a Burgh Island, justo frente a la costa. Caminamos por allí durante una hora, disfrutando del hermoso paisaje natural, pero cuando subió la marea, cubrió el paso que conectaba con la costa y nos dejó aislados.

Aunque el agua no cubría mucho, estaba helada, una buena razón para que a ninguno nos apeteciera vadearla para volver, así que optamos por irnos al Burgh Island Hotel, un antiguo edificio construido en 1929, y esperar hasta que pusieran en funcionamiento su «tractor marítimo», un vehículo diseñado para cruzar el agua poco profunda, llevando pasajeros en una plataforma. El director del hotel nos dijo que podíamos coger ese tractor a las seis de la tarde, para lo que todavía quedaban dos horas. Así que nos reunimos bien cerca de la chimenea y el director nos trajo enormes teteras llenas de líquido humeante y bandejas con tazas. Estábamos todos sentados cómodamente con nuestro té cuando Jane hizo esa pregunta, dándonos el tema perfecto para entretener la espera.

MUCHO EGO... O FALTA DE ÉL

—Bien, Jane, para responder a tu pregunta adecuadamente, empecemos por intentar entender qué significa eso del «ego» para ti. Y para cualquiera de los presentes que quiera participar —dije, abriendo la discusión al grupo—. A mí me interesa especialmente comprender qué quieres decir con eso de que «el ego impide nuestro crecimiento espiritual».

—Yo he oído a lo largo de los años, en todo tipo de enseñanzas espirituales, que el objetivo de la espiritualidad es superar o trascender el ego —comenzó Jane—. Lo que yo entiendo es que el ego es la parte de nosotros que tiene miedo de amar y que necesita que seamos mejores que los demás. Un gran ego hace que tengamos un concepto sobredimensionado de nuestra propia importancia y provoca que neguemos nuestros defectos y nos pongamos a la defensiva cuando alguien intenta señalárnoslos. En otras palabras, el ego nos dice que todo lo que está mal es culpa de los demás, nunca nuestra. Pero si superamos nuestro ego, estaremos menos centrados en nosotros y más en los demás, lo que nos convertirá en personas más compasivas y más empáticas.

Entonces Kathy aportó:

—Siempre me han dicho que tenía que mantener a raya el ego, porque si no me convertiría en una engreída. Tener el ego inflado significa hacer una valoración exagerada de uno mismo, algo que no es bueno para nadie.

—Gracias a las dos por las explicaciones —respondí—. Lo que habéis descrito es lo que yo pensaba también. Pero mi comprensión cambió tras mi ECM. Cuando estuve en el otro reino, me di cuenta de que todas las partes de mi ser en esta vida física, incluyendo las emociones, la mente y el ego, son necesarias para sobrevivir y prosperar aquí. El ego nos da una sensación de identidad; es nuestra individualidad, lo que nos permite saber quiénes somos como individuos y expresar nuestra parte única. Si nuestro ego no fuera *necesario*, no habríamos nacido con él.

»Aunque estamos todos conectados y todos somos uno, nos costaría mucho funcionar en este mundo físico si no tuviéramos nuestros egos para darnos cierta noción de dónde termino yo y empiezas tú. Necesitamos el ego para poder discernir (igual que aprendemos la diferencia entre el verde y el azul o entre la vainilla y el chocolate). De hecho, si no fuera por nuestra capacidad para discriminar, para diferenciar por comparación y contraste, no existiría nada en este mundo.

—¿Pero identificarse en exceso con el ego no es la causa de que se tenga una imagen demasiado buena de uno mismo? —preguntó Brenda.

Sonreí porque ahí es donde la mayoría de la gente se queda y donde yo estuve atrapada también antes de mi ECM. Sabía que lo que estaba a punto de decir tenía el potencial de cambiar su perspectiva 180 grados.

EL EGO ES NUESTRO MEJOR AMIGO

—¿Y si esas afirmaciones no fueran ciertas y el hecho de que nos las creamos impide que sepamos quiénes somos en realidad y que nos amemos? —respondí—. ¿Qué tiene de malo tener una buena opinión de nosotros y también de los demás? Una no excluye a la otra. De hecho, tener la autoestima muy baja complica mucho nuestras relaciones con los demás.

—Creo que ahora entiendo por qué me cuesta tanto quererme —exclamó Sally de repente—. Es porque he estado condicionada para creer que quererse es un actitud egoísta y para mí eso es algo negativo. No quiero que me digan que soy una soberbia porque me quiero.

—¡Eso es! —contesté emocionada. Me había dado cuenta de que estábamos cerca de algo importante—. ¿Y si el ego no es el enemigo? ¿Y si la culpable de todo es la *creencia* de que hay que evitar y reprimir el ego? Yo he descubierto que creer que debemos ahogar el ego cueste lo que cueste suele tener el efecto opuesto: yo acabé obsesionada con mi ego, porque estaba constantemente pensando en él, negándolo, reprimiéndolo, conteniéndolo, refrenándolo y manteniéndolo a raya. Eso me hacía cohibirme de mil maneras distintas y me impedía expresar la verdad de lo que soy.

»Pero cuanto más me quiero y acepto mi ego, reconociendo que es una parte necesaria de nuestra estancia aquí en este mundo físico, más fácil me resulta ver más allá de él y ser consciente de mi ser infinito, el ser que incluye mi ego y lo trasciende al mismo tiempo. ¿Y si cuanto más me quiero, menos necesito inflar mi ego alabándome, fanfarroneando y jactándome? ¿Y si quererme de verdad significa que no tengo la necesidad de ponerme a la defensiva y proteger mi ego, y así dependo mucho menos de que los demás me quieran y actúen de una manera concreta para gratificarme o alimentarlo? He descubierto que eso es así en mi vida. Cuanto más me quiero, menos me asocio solo con mi ego, porque sé que soy algo más grande que eso y que existo con o sin mi ego.

—¿Estás diciendo que el ego nos permite saber quiénes somos y diferenciarnos de los demás? —preguntó Henry—. Estoy intentando reconciliarme con la aparente contradicción existente entre que necesitamos ser conscientes de que somos uno con todos los demás, y que, al mismo tiempo, hemos nacido con un ego que claramente facilita la separación. ¿Por qué es tan complicado? Deberíamos ser uno o estar separados. ¿Por qué hay que buscar el equilibrio entre ambas cosas?

Somos uno… y muchos

—La mayor parte del tiempo no hace falta que busquemos ese equilibrio entre ambas cosas cuando estamos aquí, en el mundo físico —comenté—. La gran mayoría de nosotros (o nadie, en realidad) no tiene consciencia de la conexión con «todo lo que existe». Nos vemos como alguien separado y distinto. Cuando yo estuve en el otro reino, entré en un estado que yo llamo «de no dualidad». Allí somos todos puro amor, pura consciencia y todos de la misma sustancia. En ese estado me sentí totalmente sincronizada con todo y con todos. Tenía una empatía total y no sabía dónde acababa yo y dónde empezaban los demás.

»Pero al mismo tiempo era consciente de que yo era un ser único y reconocí inmediatamente a mi padre y a mi mejor amiga, además de a otras entidades espirituales, como seres concretos. Aquí parece una paradoja, pero en ese mundo no daba esa sensación. Todo estaba fundido y no había fisuras. Era como mirar al color rojo dentro el espectro visible de la luz, donde hay un número infinito de colores en el mismo haz: reconoces claramente que el rojo no es naranja ni amarillo, pero el lugar exacto donde empieza uno y acaba otro resulta imperceptible. No hay forma de separar los colores de forma precisa. Esa era la sensación que tenía allí. Yo era única y reconocible, igual que los demás, pero no había separación entre nosotros.

»Cuando estamos en nuestros cuerpos, tenemos consciencia y ego; por eso decimos que estamos en un estado de dualidad. Pero en el estado de no dualidad somos pura consciencia, es decir, solo hay unidad. Y en ese estado no podemos experimentar el placer personal como una experiencia diferenciada, porque no hay un dolor que esté separado de todas las demás emociones o experiencias; no podemos conocer la felicidad como una emoción independiente, porque no hay sufrimiento como un fenómeno único. En el reino de lo no físico, lo que experimentamos es amor incondicional: la combinación de todas las emociones y experiencias de todos y todo lo que existe. El amor incondicional es lo que irradia la unidad universal. Pero aquí, en el mundo físico, podemos sentir la felicidad solo porque sabemos lo que es *no* sentirla y experimentamos dolor porque todos sabemos lo que es no tener dolor. Tenemos puntos de referencia que introducen el contraste.

»En el estado de no dualidad no hay puntos de referencia, no hay opuestos. Solo hay unidad y amor incondicional, lo que significa que no hay nada fuera del ser. Todo *simplemente es*. En ese estado a mí me pareció que nosotros realmente *elegimos* venir aquí para experimentar la realidad de la separación. Y el ego es absolutamente necesario para sentir esta realidad y experimentar esos sentimientos. Sin ego, volveríamos al estado de no dualidad, al estado de unidad, de pura consciencia.

—Entiendo lo que dices —intervino Melissa—. La mayoría de las buenas películas y obras de teatro tienen un protagonista y un antagonista. Si solo hubiera uno sin el otro, el público no llegaría a conocer realmente a los personajes. Si los antagonistas no tuvieran a quien oponerse, no podrías identificarlos como antagonistas y viceversa. Hacen falta ambos para mostrar la complejidad total de sus personalidades y sus verdaderas naturalezas.

Linda, que había estado la mayor parte del tiempo callada, habló entonces:

—No sé si me convence. Mi marido tiene un ego enorme y eso me pone de los nervios. En su visión del mundo él siempre tiene razón, siempre sabe lo que es mejor para todo el mundo y nunca se disculpa por nada. Todo es culpa de los demás. Sería muy difícil quedarme sentada mirando como «acepta su ego».

Se oyeron carcajadas tras la vehemente intervención de Linda.

—¡La verdad es que se parece mucho a mi marido! —apuntó Sally.

Y todos reímos de nuevo.

—Bien, Sally y Linda —dije—, si tuvierais que hablar con vuestros maridos de sus egos para intentar que los redujeran un poco, ¿qué les diríais?

—Ese es el gran problema —contestó Linda exasperada—. Se niega a reconocer que tiene un ego superlativo. Simplemente no lo ve. Y los demás tenemos que soportarlo como podemos.

—Lo suponía —respondí—. Aún no he conocido a nadie que sea capaz de ver el tamaño de su propio ego.

—¿Tienes entonces alguna idea de cómo hablar con las personas que tienen los egos como un rascacielos? —preguntó Sally—. No puedo ni pensar en decirle a mi marido que acepte su ego. Se volvería incorregible y ya es bastante malo así como es.

De nuevo la sala se llenó de carcajadas y otros muchos del grupo empezaron a compartir historias sobre cómo habían tratado con los egos gigantes de diferentes personas que formaban parte de sus vidas.

EGO Y CONSCIENCIA

—Vale, vamos a utilizar un poco nuestra imaginación —propuse cuando se me ocurrió una metáfora para explicar cómo entendía yo el papel del ego—. Imaginemos que todos hubiéramos nacido con un mando a distancia bien agarrado en nuestras manitas y que en ese mando hubiera solo dos ruedecitas, nada más. Esas dos ruedecitas serían como las que servían para regular el volumen en las radios antiguas y alrededor de ellas habría señalados unos números: del 0 al 10. Pero encima de las ruedecitas, en vez de «Volumen», pone «Consciencia» en una y «Ego» en la otra. Y digamos que cuando nacemos las dos están colocadas en el 10. Venimos a este mundo con la intención de escuchar la vida a todo volumen, predispuestos a tener tanto un ego sano como una consciencia perfecta.

»Tener el nivel de consciencia al máximo significa que somos totalmente conscientes de nuestra conexión con el universo y con todos y todo lo que hay en él. Creo que realmente nacemos conociendo nuestras más profundas necesidades y también las razones por las que la vida en la tierra nos ha llamado y nos ha arrastrado a este reino físico. Y cuando venimos aquí, al menos durante los primeros años, todavía sentimos la conexión con nuestros seres queridos que están en el reino no físico y oímos sus susurros en nuestros corazones, guiándonos, rogándonos que no olvidemos quiénes somos y de dónde hemos venido.

»Pero poco tiempo después el ruido del mundo exterior ahoga esos susurros internos, normalmente por culpa de la gente con buena voluntad (o no tan buena en ocasiones) que nos rodea. Pronto empezamos a absorber los miedos de todos los demás mientras ellos nos enseñan, erróneamente, a sobrevivir y triunfar en este «mundo *real*». Y al enseñárnoslo, nos alejan del sentimiento de empatía y de conexión con el resto del mundo y también nos dejan claro que el reino del que vinimos y la conexión que sentimos con él es una fantasía. Empezamos a desconectar nuestra consciencia según vamos aprendiendo a navegar por la vida en este reino físico. En otras palabras, bajamos el nivel con esa ruedecita de la que hablábamos.

»Bien, bajamos ese, pero la ruedecita del ego sigue en el punto máximo. Eso hace que esté desequilibrado con respecto al nivel que indica la consciencia que tenemos de los demás. Y entonces es cuando empiezan a acusarnos de ser soberbios, como le pasa a esa gente de la que estáis hablando —añadí con un guiño divertido—. Así que el caso no es que tengan unos egos enormes o que se hayan vuelto unos narcisistas; eso es lo que *parece* porque la ruedecita de su consciencia ha bajado el nivel, mientras que la del ego sigue en el punto más alto. Es una situación muy común y provoca que perdamos nuestra conexión con la unidad. Nuestra empatía por los que nos rodean se queda sin sonido y creemos que nuestro ego es lo que somos.

»Cuando yo era pequeña, siempre oía a gente con muy buenas intenciones decirme que me esforzara por no ser soberbia ni demasiado pagada de mí misma; en mi cultura, como niña y más adelante mujer, se esperaba que reprimiera y controlara mi ego. Siempre me recomendaron que no expresara mi individualidad. Se suponía que no podría tener más éxito, ser más popular o más

inteligente que ningún hombre con el que pudiera llegar a casarme y que *si* era popular, triunfadora o inteligente, me resultaría
difícil encontrar un marido (y se tiene muy mala opinión de las
mujeres que no están casadas a cierta edad). Así que para contentar a los que me rodeaban y para encajar, y también por mi
miedo a que me juzgaran, bajé el nivel del ego casi hasta cero.

»Como resultado, acabé con las dos ruedecitas señalando un
nivel muy bajo e iba por la vida funcionando con solo una mi-
núscula fracción del volumen con el que llegué a esta vida. No
me expresaba del todo ni me permitía ser quien vine aquí a ser.
Me trataba como un trapo viejo y permitía que los demás hicieran lo mismo. Tenía tanto miedo de que me juzgaran y me cali-
ficaran de soberbia que me aseguré de ponerme siempre la última para todo. Me hice muy pequeña para que los demás pudieran ser grandes. Y con los años esa supresión de mi verdadero ser
se manifestó en forma de cáncer.

LO PRIMERO ES CONOCERSE

—Por eso, igual que con la ruedecita de la consciencia, creo
que bajar el nivel del ego solo va en nuestro perjuicio —proseguí—. No es que piense que todo el mundo que no se exprese
con total libertad va a desarrollar un cáncer, ni mucho menos.
Pero el ego nos ayuda a identificar quiénes somos y por qué
estamos aquí. Nadie puede conocer nuestro verdadero ser mejor que nosotros. Solo nosotros tenemos acceso a las partes más
profundas de nuestro ser, la parte de nosotros que realmente
sabe quiénes somos, por qué estamos aquí y qué necesitamos
para funcionar de la mejor manera. De hecho, saber esto reduce mucho los traumas y los dramas que creamos al intentar
continuamente agradar a todo el mundo, perdiéndonos en el
proceso.

»Pero la sociedad no nos anima a hacernos estas preguntas y a explorar quiénes somos. Una vez que empezamos en el colegio, a la mayoría nos enseñan que la autoexploración emocional es una pérdida de tiempo y un lujo, porque es un rasgo de soberbia interesarse tanto por uno mismo. El resultado es que muchos de nosotros, que sentimos un deseo de profundizar en el conocimiento de nuestro ser, abandonamos la idea por miedo a que nos juzguen. Y seguimos bajando la ruedecita del ego y así vamos reprimiendo poco a poco todo lo que éramos cuando vinimos aquí y nos desequilibramos cada vez más.

—Gracias por la explicación —contestó Henry—. Ahora veo que tanto el ego como la consciencia son necesarios y que debemos tenerlos al volumen adecuado para poder experimentar todo lo que hay en la vida.

Parecía realmente satisfecho y yo me sentí muy bien por haber sabido explicárselo.

—Creo que desarrollar la autoconsciencia es lo más importante que podemos hacer por nosotros… ¡y por los demás! —seguí—. Conocernos significa saber lo que nos hace felices y lo que no. Significa tener suficiente consciencia para elegir un camino que nos lleve a experimentar una mayor sensación de amor y bienestar. También significa ser consciente de que somos mucho más grandes, poderosos y magnificentes que lo que nos han hecho creer. Y cuando nos conocemos y nos queremos completamente, entonces podemos trasmitirles ese amor y esa consciencia a otros y llevar nuestro ser feliz, cuidado, completamente realizado y a todo volumen dondequiera que vayamos (en vez de mostrar un ser lleno de miedos, necesitado y disfuncional). Eso es lo mejor que podemos hacer por nosotros y por todos los demás.

En ese momento me di cuenta de que en la sala reinaba tal silencio, que habríamos oído el sonido que hace un alfiler al caer; todos estaban totalmente absortos en la conversación y el único ruido que se oía era el chisporrotear del fuego.

—Ahora mismo da la sensación de que vivimos en un mundo lleno de gente temerosa, débil e impotente, sobre todo si vemos las noticias de la televisión. Y como eso es lo que ellos creen que son, se presentan así cuando salen y cuando comparten sus vidas con el mundo. A la mayoría de la gente nunca la han animado a conocer de verdad quién es o cómo sería con ambas ruedecitas colocadas en el máximo.

»Así que, Linda, volviendo a lo que preguntabas sobre tratar con gente que tiene enormes egos: si alguien tiene tan alto el nivel del ego que parece soberbio, solo necesita subir el volumen de la consciencia para que se equilibre y así vuelva a estar conectado con todos los demás. Por eso, en vez de decirle que «baje su ego», hay que buscar la forma de que suba su consciencia de sí mismo y de los demás.

—Lo entiendo —dijo Linda—, pero ¿cómo se hace eso?

—Tal vez podrías empezar preguntándole a tu marido lo que le hace feliz o lo que realmente le encantaría. Pregúntale qué haría si pudiera hacer cualquier cosa, adónde iría, qué sueños tiene que no se hayan cumplido. Pregúntale también cuáles son sus miedos. Si parece demasiado raro hacerle esas preguntas de repente, podrías empezar diciéndole que quieres que reservéis un tiempo cada semana para tener una cita los dos solos. Después escoged una noche en la que los dos apaguéis vuestros aparatos electrónicos y os centréis en tener una conversación. Aprovecha esa oportunidad para hacerle estas preguntas.

»Para facilitar aún más las cosas —añadí—, empieza diciéndole cuáles son sus cualidades positivas y qué es lo que adoras de él. Y después comparte con él *tus* sueños y *tus* aspiraciones y dile lo que a *ti* te parece divertido y lo que te hace feliz. Entonces estará más abierto a compartir sus pensamientos y sus sentimientos contigo.

»Si sabes que hay algo en su vida que le ha afectado (por ejemplo que su madre falleciera hace poco), tal vez podrías sacar el tema con delicadeza y hablar con él de sus sentimientos con respecto a eso. Podrías decirle algo así como: «Echo de menos que esté por aquí. Pienso en ella a veces, ¿y tú? Seguro que tú también la echas de menos».

»Recuerda que si la ruedecita del ego está al máximo y su consciencia casi al mínimo, tendrás que tener mucho cuidado con el terreno que pisas e ir entrando en estas conversaciones poco a poco. Pero con tiempo y paciencia podrás hacerlo. Y, créeme, merece la pena.

—Son muy útiles esos consejos —contestó Linda, encantada—. Creo que podré hacerlo. ¡Ahora tengo ganas de llegar a casa para ponerlos en práctica!

Guiar a niños y adolescentes

—¿Y qué pasa con los niños? ¿Se les puede aplicar lo mismo? —La pregunta la formuló Shondra—. Mis dos hijos adolescentes están exclusivamente centrados en sí mismos. Todo es «yo, yo y yo». ¿Podría usar el mismo método con ellos para aumentar su consciencia?

—Para los niños esto es más fácil, porque no llevan aquí tanto tiempo y por ello están más cerca de quienes han venido a ser aquí —empecé a explicar—. Ayudar a los niños a subir el nivel de su consciencia es muy divertido. Cuando los niños hablen de sus amigos imaginarios o de su abuela fallecida que viene a verlos, no intentéis quitarles la idea o decirles que es su imaginación. Los niños pequeños son muy sugestionables; lo que significa que si les dices que lo que están experimentando no es verdad y que solo es fruto de su imaginación, se tomaran muy en serio tus palabras y esas creencias que les has inculcado bloquearán completamente este tipo de experiencias, arrebatándoselas. ¿Y quiénes somos nosotros para decirles que no son ciertas? Puede que no sea cosa de su imaginación. Tal vez están sintiendo de verdad que sus seres queridos los guían y se comunican con ellos.

»Para el caso de los adolescentes, sugiero convertir esto en un proyecto o en un juego. Digamos que estáis comprando comida con vuestros hijos y que veis a alguien en una silla de ruedas. Cuando estéis seguros de que esa persona no os oye, decidle a vuestro adolescente que piense cómo debe ser hacer en esas circunstancias cualquier actividad cotidiana, como subir a un coche, ir de compras, darse una ducha o ir al baño. Podéis profundizar todo lo que queráis en esa conversación y tal vez sugerirle que escriba sobre ello o, mejor incluso, que lo pruebe (aunque solo sea un día o unas horas). Y entonces veréis como vuestros hijos empiezan a imaginar formas creativas de hacerle el mundo más fácil a la gente que está confinada en una silla de ruedas. No importa si lo que se les ocurre es demasiado descabellado para resultar útil; lo importante es que les ayuda a subir su nivel de consciencia de los demás.

»Otro día, si veis a un sin techo, preguntadle a vuestro hijo adolescente cómo cree que será no tener dinero, tener hambre y no tener casa ni sitio donde refugiarse. Una vez más intentad que vuestro hijo profundice en el tema o escriba sobre cómo se sentiría, qué haría y cómo sobreviviría. Podéis preguntarle incluso si querría intentar pasar un día o dos comiendo muy poco, para experimentar cómo es pasar hambre.

»Podéis tener muchas más conversaciones como estas con vuestros hijos. Otro ejemplo sería preguntarles cómo sería ser el niño al que acosan y del que todos se burlan siempre en el colegio. Comprobaréis que rápidamente empieza a crecer la consciencia de vuestro hijo hacia otros que normalmente estarían fuera de su esfera de consciencia. Desarrollará la capacidad de sentir lo que sienten otros y de repente tendréis un hijo muy sensible y consciente que será el que salga en defensa del desvalido.

—Me parece una forma fantástica de hacerlo —respondió Shondra—. ¿Y por qué no incorporan las escuelas esa forma de pensamiento en las clases, en vez de estar siempre presionando a los niños para que compitan entre ellos y teman a los que son diferentes?

—Hay que tener cuidado con cómo se introduce lo que acabo de decir —puntualicé—. Es mejor no decirle nunca, jamás, a un adolescente: «Deberías ser más compasivo. ¿Por qué no piensas en los demás? Eres un egoísta». Los niños odian que se les regañe así y eso solo servirá para apartarlos. Eso es con lo que me bombardearon a mí cuando era pequeña y creer que era egoísta apagó mi luz y me hizo tener miedo de brillar en este mundo. Nadie quiere eso para sus hijos.

—Me alegro mucho de que hayas explicado todo esto del ego —agradeció Jane tras un rato en silencio—. La gente espera que los maestros espirituales hayan dejado atrás sus egos y después les juzgan cuando parece que no es así. Por no mencionar que nos juzgamos a nosotros cuando nuestros egos asoman por alguna parte. Pero ahora veo que no solo *no es posible* vivir plenamente en el mundo físico sin ego, sino que es realmente *necesario* tener un ego fuerte y sano. Mientras estemos aquí en la tierra, necesitamos el ego para sobrevivir y para experimentar todas las cosas que hemos venido aquí a buscar: todas esas cualidades opuestas que conforman nuestra realidad aquí. Lo comprendo todo perfectamente.

—Sí —contesté—. La creencia de que debemos suprimir o controlar el ego está tan extendida en las comunidades espirituales o religiosas que los maestros espirituales pueden llegar a desarrollar miedo a decepcionar a la gente, miedo a que sus discípulos descubran que tienen un ego en realidad. Pero si nos diéramos cuenta de que todos tenemos uno y de que nuestro ego es una parte importante y necesaria de nuestra experiencia aquí, podríamos respirar con más libertad y permitirnos ser quienes somos, en vez de intentar fingir que somos algo o alguien que no somos. La paradoja es que una vez que aceptamos el ego y entendemos cuál es su propósito, deja de ser un problema. Nos volvemos transparentes y ya no necesitamos alimentar, reprimir o negar la existencia de nuestros egos. De hecho podemos *disfrutarlos* de una forma que es sana para nosotros y para todos los que nos rodean.

SER LA DIVINIDAD QUE ERES

—No dejas de hablar de que necesitamos saber quién y qué somos en realidad —comentó James, que tenía veintitantos y era el más joven del grupo—. Pero ¿qué quieres decir con eso exactamente? ¿Quién y qué *somos* en realidad, de hecho?

—Es mucho más sencillo de lo que parece —contesté—. Ojalá les enseñaran esto a los niños cuando son pequeños. Ojalá me lo hubieran enseñado a *mí* en vez de animarme a volverme competitiva y a ocultar mi verdadero yo. Solo necesitamos saber que somos lo divino manifestándose a través de este cuerpo en este momento; que todos y cada uno de nosotros somos la divinidad que se expresa a través de nuestros propios ojos en nuestro mundo físico tridimensional.

»Cuando nos enseñan a competir, es decir, cuando nos dicen que tenemos que sacar mejores notas que los demás para llegar a mejores universidades y conseguir mejores trabajos porque no hay suficiente en este mundo para todos, en esencia lo que nos están diciendo es que estamos separados. Tengo que ser mejor que tú para conseguir algo; tengo que temerte y sentir que tu éxito es una amenaza para el mí; algunas personas incluso lo llevan hasta el extremo y, por miedo al fracaso, buscan formas de ponerle a zancadilla a otros para colocarse por delante. Eso es un resultado posible si nuestra ruedecita de la consciencia ha bajado hasta cero, mientras que la del ego está en el punto máximo. En esta situación no tenemos consciencia de las necesidades o los sentimientos de los demás, no sentimos nuestra conexión con ellos, solo nuestros propios miedos y necesidades.

»Pero imaginaos que os animaran a mantener la ruedecita de la consciencia en el nivel más alto. Y después imaginad que nos enseñaran a colaborar en vez de a competir. Tendríamos un mundo muy diferente. Si esto ocurriera, creo que habría mucha más compasión, respeto y amor por el planeta en su conjunto y también por sus habitantes.

Muchos asintieron. Les había llegado el mensaje claramente. Hice una pausa porque quería que prestaran mucha atención a lo que iba a decir después porque para mí había sido una lección importantísima.

—Me he dado cuenta de que cuando recuerdo quién soy en realidad (que soy la divinidad que se expresa a través de mi cuerpo, de mi personalidad, de mi ego, de mi cultura y de mi vida), la gente que hay a mi alrededor cambia y reacciona a lo que yo siento en mi interior. Mis circunstancias cambian y mis reacciones a las situaciones también. Creo que *todos y cada uno de nosotros* tenemos un poder increíble y que a nadie se lo han arrebatado; solo nuestras creencias y nuestros condicionamientos nos ciegan ante lo numinoso o la fuerza universal que hay en el interior. Vivimos y respiramos nuestra divinidad todo el día y todo el tiempo, aunque no seamos conscientes de ello. Y no me refiero a las divinidades de nuestras religiones organizadas en este mundo, porque esto es cierto incluso para alguien que no es religioso o que no cree en ningún dios. En ese caso, podría sustituirse el concepto de divinidad por cualquier cosa que ayude a esa persona no creyente a ser consciente de una visión superior de su ser.

De nuevo reinó el silencio en la sala. Sentía que todo el mundo estaba procesando mis palabras, conscientes de que era una verdad absolutamente fundamental que podría cambiarlo todo en sus vidas, si se lo permitían.

—Una de las cosas que creo que causó mi cáncer fue que olvidé mi divinidad, la parte de Dios que hay en mí. Olvidé que yo (y todos y todo en el universo) soy la manifestación de la divinidad en esta vida. Como resultado, no pude elegir caminos que ampliaran mi bienestar y mi felicidad; esos caminos simplemente no estaban disponibles para mí en ese nivel tan bajo de consciencia en el que estaba.

»Pero en el reino de mi ECM, de repente recordé que lo único que tenía que hacer era ser yo y vivir mi verdad divina. Solo tenía que saber *con cada célula de mi cuerpo* que era la manifestación de la divinidad en este mundo y que solo con ser yo, estaba siendo la personificación de esa verdad (una de las mil formas que tiene la divinidad de manifestarse en esta vida). Aunque me recordara esta verdad cien veces al día, no sería suficiente. Vosotros y yo somos lo numinoso que se expresa a través de nuestros cuerpos en este lugar y en este tiempo, aquí y ahora. No puede haber una consciencia más importante que esa.

VENIR POR EL EGO, QUEDARSE POR LA VIDA

—Eso suena maravilloso —exclamó Deborah—. Pero si es tan bueno tener la consciencia al nivel máximo y parece que nos ayuda a recordar quiénes somos, de dónde venimos y a qué, no entiendo dónde está problema en bajar el nivel del ego. ¿Qué daño puede hacer eso? Seguro que haría que la gente fuera mejor.

—Entiendo que tener una alta consciencia y un ego bajo puede *parecer* algo que hace mejor a la gente, al menos en cuanto a lo que tiene ver con los demás. Pero no creo que nadie pudiera sobrevivir en el mundo de esa forma. Para mí el ego es parte de nuestro mecanismo de supervivencia —expliqué—.

Con una consciencia al máximo nivel y nada de ego, estarías exactamente en el mismo estado en el que yo me encontré durante mi ECM. En ese reino, sin cuerpo físico, era difícil diferenciar mi identidad, mis emociones, etc., de todo lo demás. Sentía las emociones de todos con tanta intensidad como las mías, y el dolor de quien sufría tanto como el dolor y la falta de amor de la persona que hacía sufrir.

»En ese estado no podía discernir entre lo «malo» y lo «bueno» porque *no* había ni lo uno ni lo otro. Sentía empatía y compasión por todas las criaturas del planeta y nada más que amor incondicional por todo el mundo, incluso por aquellos que me habían hecho daño, porque entendía que lo habían hecho por su propia ignorancia o sufrimiento. Es difícil permanecer en ese estado en este mundo, porque aquí estamos en contacto con gente todo el tiempo, en todos los aspectos de nuestras vidas. Te volverías muy vulnerable. Serías el objetivo de todos los que tuvieran el ego al máximo, porque solo sentirías amor incondicional y verías todo su dolor al mismo tiempo. Necesitarías algún mecanismo para ayudarte a sobrevivir como individuo o acabarías perdida en las exigencias, el dolor y las emociones de los demás. Increíblemente *existe* ese mecanismo en este mundo físico y se llama «ego».

Varios en el grupo soltaron risitas y mucho asintieron cuando fueron digiriendo mis palabras.

—Tal vez si todos bajaran también al mínimo sus egos y vivieran solo con su consciencia al máximo sería más fácil conseguirlo —aportó James.

—Seguramente esa es la idea que hay tras los áshram y las comunas —aventuró Shondra—. Crear una comunidad en la que se dejen atrás los egos y todos se unan de forma pura con un alto nivel de consciencia. Pero entonces, ¿para qué venir a la tierra? ¿Por qué no quedarse en el estado de no dualidad en vez de acceder a vivir en un lugar donde el ego es tan importante?

—Aunque los áshram y las comunas son un buen concepto de vida consciente, no siempre funcionan como se esperaba —apuntó Kathy—. Creo que las personas son siempre personas y llevan sus egos allá donde van. Yo estuve en un áshram y, aunque estuvo muy bien la mayor parte del tiempo, cuanto más tiempo pasaba allí, más me daba cuenta de que empezaban a asomar los egos. La gente era tan competitiva como en el mundo exterior. Incluso competían sobre su aprendizaje espiritual. Cada uno quería demostrarle al gurú que era más espiritual que el otro. Aparte de que todos se morían por llamar la atención del gurú; todos querían ser el favorito del maestro. Y una vez, cuando el maestro no consiguió lo que solicitaba de los discípulos que se ocupaban de sus necesidades, le vi enfadarse mucho con ellos y echarles una regañina.

—Creo que cuando negamos nuestro ego, acaba surgiendo inesperadamente y de forma descontrolada en todo tipo de situaciones —comenté—. Por otro lado, si simplemente aceptamos el ego y reconocemos su existencia y que es una parte importante de la razón por la que hemos venido a esta vida originalmente, entonces no necesita sorprendernos apareciendo en los momentos más inoportunos. Creo sinceramente que es muy difícil vivir en este mundo sin un ego. Y probablemente por eso aquellos que realmente aspiran a vivir exclusivamente de la consciencia y no quieren tener nada que ver con su ego, acaban viviendo recluidos, casi como ermitaños.

—¿Os imagináis dos personas en una relación, una con el ego al máximo y la consciencia al mínimo y su pareja justo al revés? —preguntó James—. Pensad en cómo sería.

—Bueno —intervino Kathy—, seguro que el del ego al máximo tendría siempre la última palabra, mientras que el otro estaría todo el tiempo de acá para allá, haciendo todo lo que dice el primero.

—Si no tenemos ego —añadí—, no es posible satisfacer nuestras propias necesidades. Y además estamos facilitando que otros no nos traten como deberían. Por eso es importante querernos y tener ego.

Como si eso hubiera sido una especie de señal, el director del hotel apareció en ese momento para anunciar que el conductor del tractor había llegado para llevarlos hasta la costa. Creo que esperaba vítores porque habían venido a «rescatarnos», pero lo que obtuvo fue un coro de «oooh, ¿tan pronto?». Pero ciertamente habían pasado dos horas y ya eran casi las seis de la tarde. Terminamos el té, recogimos nuestras cosas, salimos del hotel y bajamos hasta la playa, donde nos esperaba nuestro carruaje.

Uno por uno fuimos subiendo por la escalera que había a un lado del tractor hasta la plataforma elevada. Cuando el vehículo empezó a avanzar hacia la costa, todos nos quedamos contemplando la gran extensión de mar. Cuando llegamos, bajamos, cruzamos la arena y subimos los escalones de piedra para llegar al lugar donde nos esperaba el autobús que nos llevaría de vuelta al centro de formación. Todo el mundo estaba de muy buen humor cuando nos encaminamos a Dartington. Quedarnos aislados había sido un regalo inesperado, una oportunidad imprevista e improvisada para tener una interesantísima conversación.

Supe que el resto del retiro le iba a proporcionar a todo el mundo una experiencia mucho más profunda ahora que habíamos tenido la posibilidad de hablar sobre por qué necesitamos nuestros egos aquí en el mundo físico y cómo mantenerlo en equilibrio con la consciencia de que todos estamos conectados y somos parte de un todo. Una vez más me quedé asombrada por lo enriquecida que se ve la experiencia del plano físico cuando aprendemos a amarnos y a honrar el papel que todos hemos venido a desempeñar en este reino.

Vivir el cielo *aquí* y *ahora*

Si «ser espiritual significa superar el ego» es un *mito*, entonces ¿cuál es la *verdad*?

Posibles verdades que merece la pena considerar:
- El ego no es nuestro enemigo y no necesitamos vencerlo; el ego es necesario para la supervivencia en el mundo físico.
- Elegimos venir a este reino físico para experimentar la separación y la dualidad con todas las intensas cualidades en contraste que conforman la realidad de aquí; sin el ego, eso resultaría imposible.
- Todos nacemos predispuestos a tener tanto un ego sano como un nivel adecuado de consciencia.
- Querernos no es un rasgo de soberbia; es algo vital para nuestra óptima salud y felicidad.
- Cuanto más nos queremos y aceptamos nuestro ego, más fácil se vuelve para nosotros vernos más allá de él y ser conscientes de nuestro ser infinito.

Consejos y ejercicios:
- Reflexiona sobre cómo vives tu vida e interactúas con los demás y también sobre tus pensamientos y emociones. Empieza por identificar en qué parte de la escala tienes colocadas las ruedecitas de la consciencia y del ego.
- Si tienes un ser querido cuya ruedecita del ego está desequilibrada con respecto a la de la consciencia, ayúdale a subir su nivel de consciencia haciéndole preguntas sobre sus sueños, sus aspiraciones e incluso sus miedos, a la vez que compartes con él los tuyos.

- Guarda un registro (en un diario tal vez) de cuándo puedes permanecer consciente de tu naturaleza divina y de cómo reaccionan y responden los demás en esos momentos, así como de cuándo te olvidas de tu conexión con la divinidad y cómo reaccionan los demás y responden a eso también. Compara ambas experiencias.
- Cada vez que sientas ansiedad, miedo o incluso enfado, recuérdate que nada (ni nadie) puede quitarte la fuerza divina que vive en tu interior y que alimentarla con amor y cuidados en vez de con miedo y emociones negativas te ayudará a conectar con más facilidad con tu verdadera naturaleza divina.

Preguntas para uno mismo:
- ¿Reprimo mis deseos y la expresión de mi verdadero yo porque tengo miedo de que me juzguen? ¿Siempre me pongo el último?
- ¿Cómo sería para mí permanecer muy consciente de mi conexión con todos los que me rodean e intentar colaborar con los demás en vez de competir?
- ¿He permitido que los juicios de otros diluyan mi consciencia, bajen mi volumen y me empujen a actuar como si fuera mucho menos de lo que soy?
- ¿Qué creencias tengo que me alejan de la consciencia de que soy una de las muchas expresiones de la divinidad en este mundo físico? ¿Qué haría falta para disolver esas creencias y condicionamientos que evitan que acepte completamente mi verdadera naturaleza?

Sé que mantengo mi equilibrio, y que estoy actuando con mi ego y mi consciencia en sus niveles máximos, cuando...
- Tengo compasión y empatía por los demás sin cargar con el peso del dolor de todos ellos como si fuera mío.

- Me siento agradecido por mi ego porque me permite expresar lo único que soy y descubrir quién soy en realidad y por qué he elegido estar aquí, en el mundo físico.
- No juzgo a los demás (tampoco a mis maestros espirituales) por no haber logrado trascender sus egos.
- Entiendo que cuando los demás me hacen daño, es por su propia ignorancia y sufrimiento.
- Me muestro como mi ser feliz y totalmente realizado (en vez de proyectar una versión disfuncional de mí mismo llena de miedo y de necesidades) sabiendo que eso no solo me refuerza a mí, sino también a todos los que tienen algún contacto conmigo.

Capítulo Nueve

❋

Mito: Las mujeres son el sexo débil

—¿Puedes dedicarle el libro a Samirah? —me pidió una mujer de piel aceitunada y grandes ojos oscuros que llevaba un *hijab* (el pañuelo tradicional que llevan las mujeres musulmanas para cubrirse el pelo y el cuello).

Era la última persona de la cola de la firma de libros que había organizado en Pasadena, California, mi editorial en Estados Unidos, Hay House, tras una charla que acababa de dar.

—Claro —respondí—. ¡Qué nombre más bonito!

—Gracias. Es el mío —dijo con una sonrisa y me lo deletreó para asegurarse de que lo escribía bien—. Me ha encantado su libro —continuó mientras yo le escribía la dedicatoria en la página del título—. Me sentí muy identificada con la historia de su vida, sobre todo con algunos de los obstáculos culturales a los que tuvo que enfrentarse.

—Esos obstáculos suelen ser *muy* complicados de superar —contesté—. Me alegro mucho de no tener que vérmelas ahora con ellos.

—Tiene mucha suerte. De hecho, ¿tendría usted un momento? Me he quedado la última en la cola para ver si podía dedicarme unos minutos de su tiempo. Deje que la invite a un té o un café.

Miré la cara sonriente de rasgos perfectos de Samirah y el precioso pañuelo de seda que le caía suavemente sobre los hombros de un oscuro vestido con estampado floral que le llegaba por debajo de los tobillos. Tuve la sensación de que ahí había potencial para una conversación extremadamente interesante y acepté su invitación. Después miré por encima del hombro buscando a Jennifer, la empleada de Hay House que me ayuda y me hace la vida más fácil cuando doy mis charlas.

—Ya he acabado aquí, Jennifer —dije—. Gracias por tu ayuda.

—¿Todo bien? —preguntó ella—. ¿Quieres que te acompañe a la sala donde están los otros autores?

—No, voy a tomarme un té con esta encantadora señora —respondí señalando a Samirah y me acerqué a abrazar a Jennifer para agradecerle su ayuda.

—Hay una cafetería tranquila al final del pasillo donde está el centro de convenciones —propuso Samirah—. He comido allí antes.

—Todo el mundo ha ido al auditorio a escuchar al siguiente conferenciante —comenté—, así que es probable que estemos prácticamente solas.

Fuimos hasta allí y, nada más sentarnos y pedir el té, Samirah empezó directamente con su primera pregunta.

—Cuando habla del otro mundo, siempre dice que allí no tenemos cultura, ni sexo, ni religión… ¿Está segura? —preguntó con interés—. ¿*De verdad* perdemos el sexo, la cultura y la religión cuando morimos?

Parecía desesperada por saberlo con seguridad.

EL CIELO NO TIENE SEXO

—Sí, de verdad —respondí con convicción—. En el otro reino no tenemos cuerpos físicos y el sexo es parte de esos cuerpos físicos, parte de nuestra biología, porque en este reino se supone que vamos a procrear, así que es necesario que tengamos sistemas reproductores. Pero cuando ya no tenemos cuerpo, no tenemos necesidad de esos sistemas. No tenemos biología como tal. Somos espíritu puro, solo seres de luz: pura esencia, pura consciencia.

—Lo comprendo. Pero el problema es que yo vivo en una cultura dirigida por hombres. Las mujeres somos invisibles. No importa lo inteligentes que seamos o los conocimientos que tengamos; tenemos que ceder ante los hombres en todos los aspectos solo porque son hombres, sea cual sea su posición, su experiencia personal o su educación —explicó Samirah—. Para que me valoren en mi cultura tengo que ser servil y no brillar. Cuanto más invisible sea y más pequeña me haga, más grande podrá ser el hombre que haya en mi vida y así yo ganaré valor también. Necesito hacer lo *opuesto* a lo que usted dice que hemos venido a hacer aquí y para que me valoren *tengo* que lucir todas esas características que usted dice que *tenía* antes de tener cáncer, porque en mi cultura son rasgos que se consideran positivos en una mujer.

»Una vez me planté ante mi marido por un tema que tenía que ver con nuestra hija y unos problemas que tenía en el colegio —continuó Samirah—. Ella lo estaba pasando mal, hacía esfuerzos por encajar, pero mi marido no quería que se integrara en una cultura extranjera, aunque él fue quien tomó la decisión de que dejáramos nuestro país y viniéramos a vivir aquí por asuntos de su negocio. Me rompía el corazón verla sufrir tanto en su intento por combinar las dos culturas. Mi hijo no tuvo los mismos problemas porque mi marido le permitió integrarse en la cultura local, hacerse amigo de los niños de aquí y hacer las

mismas cosas que ellos. Mi marido es mucho más indulgente con
él de lo que es con nuestra hija.

»No quería ceder en ese tema y estaba segura de que lo que
yo decía era lo mejor para la niña. Así que fui a ver a un hombre
muy respetado en nuestra comunidad, al que a menudo recurrimos todos para que nos aconseje. Pensé que entendería el problema porque ha vivido en Estados Unidos durante mucho tiempo y ha formado y criado una familia en este país. Esperaba que
él me ayudara a hablar con mi marido. Pero cuando le expliqué
lo que pasaba, su respuesta fue:

> Debes escuchar a tu marido porque, después de todo, él
> es el hombre de la casa. No está bien ir en contra de sus de-
> seos y tampoco animar a tu hija a que lo haga. Tienes que
> explicárselo a tu hija o, si no, ¿cómo va a aprender que nuestra
> cultura es así? Como no vivimos en nuestro país, ella no
> aprende las cosas de nuestra cultura en el colegio. Así que es
> responsabilidad tuya enseñarla. Ella tendrá que obedecer a su
> marido algún día, así que es mejor que empiece a aprender
> ahora o las dos tendréis problemas cuando le llegue la edad
> de casarse. Será difícil que encuentre un buen marido si se
> aleja mucho de nuestras tradiciones.

¿Se imagina mi frustración cuando oí esa respuesta?

—Entiendo *perfectamente* lo frustrante que tuvo que ser para
usted —respondí, recordando muchos de los problemas culturales a
los que yo tuve que enfrentarme al intentar encajar con mis amigos
del colegio y cuánto deseé no tener que estar intentando todo el
tiempo mantener mi vida dentro de las restricciones de mi cultura.

Y también me acordé de que a mí me hicieron esa misma
advertencia: que si me alejaba demasiado de nuestras normas
culturales, me costaría mucho encontrar un marido.

—He leído su libro y otras muchas experiencias como la suya
—contó Samirah—. Así que a mí se me ha quitado la proverbial
venda de los ojos. Creo que veo la verdad. Su experiencia en par-

ticular me llegó especialmente por los problemas culturales a los que usted tuvo que enfrentarse. *Sé* que lo que usted dice es cierto. Pero, sabiéndolo, ¿cómo puedo volver a encajar en el lugar que ocupaba antes? Ahora me siento mal al ver la flagrante disparidad entre los sexos que hay a mi alrededor. Veo que las mujeres hemos sido silenciadas y dominadas en mi cultura y que, al guardar silencio, hemos permitido que los que tienen las voces más fuertes se hayan hecho con el control. Nada de lo que hay a mi alrededor ha cambiado, nada es diferente. Soy *yo* la que he cambiado. Mi mundo ha estallado porque ahora sé que esto *no* es lo que Dios quería para nosotras, las mujeres. Todos somos iguales a ojos de Dios. Todas nuestras voces importan lo mismo. Y son las voces masculinas que hay entre nosotros, más altas y más agresivas, las que han creado esa falsa percepción sobre las mujeres. Pero ¿por qué parece como si solo *yo* viera las cosas así? Una parte de mí se pregunta: ¿no estaba mucho mejor cuando no lo sabía?

LOS PAPELES DE LOS SEXOS SON CULTURALES

Lo que Samirah me estaba diciendo era muy intenso y muy importante. Sentía realmente su sufrimiento y sus palabras me llegaron muy profundamente porque me sentía muy identificada con ellas. El momento en que se había producido ese encuentro era interesante, porque hacía poco había estado pensando en la disparidad de sexos y en cómo afecta a nuestra sociedad tras estar siguiendo por televisión la cobertura de la carrera presidencial durante 2016. Entonces me llamó la atención y me pareció muy extraño que hasta este momento ninguna mujer hubiera llegado a ser una candidata con posibilidades de lograr la nominación en un país que la mayor parte del mundo considera como uno de los más libres y progresistas del planeta. Además, en el debate de los candidatos que había visto pocos días antes (el primer debate republicano) había diez hombres y ninguna mujer (aunque una mujer a la que relegaron a un debate secundario mejoró sus posibilidades de voto lo bastante para que la incluyeran en los siguientes debates principales). Los candidatos empezaron a hablar de temas sensibles, como si una mujer debería tener derecho a abortar en caso de embarazo, y después siguieron con cosas como la violación y si las mujeres deben tener derecho a abortar tras sufrir una. Me resultó perturbador que una gran cantidad de esos candidatos se declararan en contra del aborto, *fueran cuales fueran* las circunstancias, incluso si el embarazo se había producido tras una violación.

Y más inquietante fue que sus decisiones afectaban directamente a los cuerpos y a las vidas de las mujeres mucho más que a las de los hombres que las habían dejado embarazadas, pero *nadie le preguntó a una mujer sobre el tema.*

Mientras lo veía, mi mente se llenó de recuerdos de mi infancia en Asia y de cómo me educaron en una cultura en la que todos los papeles dominantes los desempeñaban los hombres. Y ahora acababa de darme cuenta de que eso no pasaba solo en *mi* cultura. Ocurría lo mismo en la mayor parte del mundo, solo que en unas culturas era más evidente que en otras.

Aunque nadie llegó a decírmelo así, a mí me quedó claro desde que era muy joven que las mujeres siempre asumían papeles que eran intrínsecamente serviles o que al menos tenían que servir a los hombres. Me parecía normal que los hombres dominaran. Este mito, como cualquier otro, permaneció en mi mente hasta que ya fui adulta (hasta los veintitantos años), porque parecía cumplirse tanto en la realidad como en la televisión. Todos los puestos de responsabilidad en el mundo de la empresa, en el Gobierno, en la política, en las fuerzas armadas y demás estaban ocupados por hombres y si había alguna mujer, tenía un papel secundario como ayudante, taquígrafa o secretaria.

Los médicos normalmente se representaban con apariencia masculina y las enfermeras con femenina. En mi guardería y en mi escuela primaria todas las maestras eran mujeres, pero en el instituto y en la universidad, la mayoría de los profesores eran hombres. Y eso ocurría en todos los ámbitos.

—Samirah, seguramente ya sabe, porque lo cuento en el libro, que crecí en una cultura en la que los matrimonios concertados son lo habitual y que me pasé toda mi juventud siendo educada para ser esposa —comenté tras darle un largo sorbo al té.

—Sí, lo sé, pero creo que la comunidad donde me he criado yo es mucho más ortodoxa que en la que se crió usted —replicó—. No tiene ni idea de la suerte que tiene de que sus padres la aceptaran cuando volvió tras huir del matrimonio concertado hace tantos años. Y de que después llegara a casarse con un hombre maravilloso que la entiende, la apoya y fomenta sus ideales, sobre todo después de una experiencia transformadora como la que tuvo. Mi situación es similar y a la vez muy diferente. Mi padre era muy estricto y muy orgulloso. No se podía ir en contra de sus deseos de *ninguna* manera.

Aunque mis padres fueron muy buenos conmigo durante mi infancia, sus roles sexuales estaban claramente definidos por nuestra cultura. Mi padre iba a trabajar y mi madre cuidaba de los niños y de la casa. Papá siempre tenía la última palabra en las decisiones importantes de nuestra familia y, aunque mi madre sabía salirse con la suya a veces, tenía que ser muy creativa para conseguir que mi padre aceptara su punto de vista. La creatividad y el momento adecuado eran lo más importante para ella y conseguir que él se mostrara de acuerdo con sus argumentos era una victoria, mientras que todos asumíamos que mi padre tenía derecho de veto en todo. En otras palabras, su relación no se basaba en la confianza mutua y en la igualdad, sino en los roles culturales tradiciones del hombre y la mujer.

La cultura no es la realidad definitiva

—Necesito que me diga qué se encontró cuando regresó tras su ECM —rogó Samirah—. ¿Cómo fue todo cuando tuvo que volver a vivir en este mundo después de que se diera cuenta de la verdad?

—Oh, Samirah, no fue fácil —contesté—. Cuando salí del coma y me curé del cáncer, quería gritar a los cuatro vientos lo que había aprendido. Sentía que me habían arrancado la venda de los ojos y que ahora sabía quién era en realidad. Creía que había descubierto algo que nos ayudaría a todos a ver que ninguno de nosotros es menos que otro. Estaba convencida de que al fin había visto la verdad y que los demás estarían interesados en saber lo que había descubierto.

»Pero pronto me di cuenta de que el mundo no estaba preparado para esa verdad, porque la mayoría de lo que decía iba en contra de muchas de nuestras normas culturales. Y tuve que aceptar que gran parte de lo que estaba diciendo se veía como una amenaza a las creencias tradicionales. No podía gritarlo a los cuatro vientos, aunque sentía que tampoco podía evitar compartirlo y sabía que esa era la razón por la que había regresado. Así que compartí lo que había aprendido en la relativa seguridad de *chats* poco conocidos de internet mientras seguía viviendo mi vida sin llamar la atención.

»Pero el universo tenía decidido que yo debía compartir mi historia de una forma que tuviera mayor repercusión, que sí *debía* gritarla a los cuatro vientos. Eso era lo que mi padre y mi mejor amiga querían decirme cuando los vi en el otro reino y me dijeron: «¡Regresa y vive tu vida sin miedo!». Me di cuenta de eso después de que mi historia se hiciera viral en internet y de que Wayne Dyer me encontrara y me animara a escribir el libro. Entonces sentí como si el universo estuviera sacando la historia de mi interior para que pudiera difundirla sin miedo. Como resultado he encontrado un nuevo lugar en el mundo y ahora tengo una plataforma en la que puedo compartir libremente mi voz y mi visión.

—Pero nada más regresar debió de ser muy raro ver que muchas de las cosas que le habían hecho creer no eran ciertas —insistió Samirah—. Seguro que resultó aterrador.

—No solo aterrador, mucho peor: ¡me sentía sola! —confesé—. Cuando estaba en el otro reino vi claramente cómo había ido asumiendo todas las diferentes creencias que me habían enseñado cuando era pequeña, incluyendo muchas que se basan en la tradición, la superstición y la falta de información y que simplemente van pasando de generación en generación sin que nadie se las cuestione. También entendí que hasta que no nos creemos esos mitos, no tienen ningún poder. *Creer en ellos* es lo que los convierte en ciertos. Y muchos de los mitos que aceptamos son insanos. —Me serví más té en la taza y noté que Samirah me escuchaba con atención, así que continué—: En este plano es casi imposible salirnos de nosotros mismos y ver esas creencias invisibles, porque sería como un ojo que se intenta ver sin la ayuda de un espejo o la punta de un dedo que intenta tocarse. Así que hasta que no salí de mi cuerpo (y deje atrás mi *personalidad* terrenal) no pude reconocer que todo lo que en mi vida me había hecho sentir menos, más pequeña o más débil que otros simplemente no era cierto.

—Muchas gracias por explicármelo con tanta claridad —agradeció Samirah con gran alivio—. Lo comprendo. Pero quiero saber una cosa más: ¿por qué elegimos venir aquí como mujeres, si nos van a tratar como inferiores o más débiles?

—Hay una razón por la que venimos a este mundo como las personas que somos, en la familia en la que vivimos, con nuestro marido y con nuestros hijos y en una cultura en concreto —aseguré—. Al menos esa es la sensación que me dio a mí. Todos tenemos una razón para ser masculinos, femeninos o incluso transgénero, y también para que seamos heterosexuales u homosexuales. Creo que nacemos sabiendo la verdad de quiénes somos y venimos aquí con la esperanza de compartir esa verdad con otros. Pero la mayoría empezamos a olvidar poco a poco esa verdad cuando nos vemos condicionados para integrarnos en la cultura en que estamos inmersos. Caemos en la trampa de no querer decepcionar a los que nos rodean, así que apagamos nuestra luz para poder encajar.

El Yin y el Yang

—En el otro reino las mujeres no son más débiles que los hombres —añadí—. Recuerda que, sin nuestros cuerpos, todos somos iguales y tenemos el mismo poder. Piensa en términos del *yin* y el *yang*, los símbolos chinos de la energía masculina y femenina. Juntos, el *yin* y el *yang* forman un círculo completo; hacen falta los dos para completarlo. Así es como se ve desde el otro reino. Y esto no es así solo en cuestiones de sexo, sino que funciona con *todo*. Todos los valores en contraste forman una unidad completa.

»Creo que elegimos venir aquí como hombre o como mujer, o incluso como transgénero, dependiendo de lo que queramos experimentar. Así que si elegimos ser mujer, lo habitual es que tengamos más energía *yin*; eso significa que estamos más en sintonía con la naturaleza y con nuestras emociones, así como con las emociones de los demás. Tener más *yin* también nos hace más maternales, más empáticas y mejores cuidadoras. Pero si elegimos nacer hombre, entonces seguramente tendremos más energía *yang*; eso hará que estemos más centrados en lo externo y que a nivel físico seamos más fuertes, más rápidos y más grandes, rasgos que nos convierten en mejores protectores. Eso también es así normalmente aunque el cuerpo en el que nazcamos tenga un sexo diferente al sexo con el que elegimos venir. En última instancia nuestra energía se ajusta a lo que somos en realidad (no necesariamente a nuestros cuerpos físicos), aunque también elegimos esos cuerpos físicos igual que elegimos nuestra cultura, a pesar de que esta pueda no ir en consonancia con la verdad que conocemos.

»El *yin* y el *yang* son fuerzas complementarias, no opuestas. Interactúan para formar un sistema dinámico en el que el todo es mayor que las partes individuales. *Todo* tiene aspectos de *yin* y de *yang*. Por ejemplo, las sombras no pueden existir sin la luz. Igualmente, nosotros los humanos no podemos existir sin que haya hombres y mujeres que puedan perpetuar la especie. Si elimináramos a los hombres o a las mujeres, aniquilaríamos a toda la raza humana en una sola generación.

—¿Y por qué los hombres no ven eso? —preguntó Samirah con vehemencia.

—Bueno, no creo que sean solo los hombres —contesté—. Creo que todos somos cómplices a la hora de permitir que eso ocurra y se perpetúe. Por ejemplo, cuando yo era joven, si hacía algo que iba en contra de mi cultura (si me vestía de forma inapropiada o volvía a casa demasiado tarde por las noches), los hombres no eran los únicos que hablaban mal de mí, ¡las mujeres también lo hacían! Las madres de hijos adultos de nuestra comunidad me avergonzaban diciéndole a mi madre que yo no era lo bastante buena para casarme con sus hijos porque seguro que ya estaba mancillada, teniendo en cuenta que tenía citas y salía por las noches.

Cuando dije esto último, extendí el dedo índice y lo sacudí delante de Samirah con un gesto burlón, como si estuviera recriminándole una conducta vergonzosa. Nos miramos y nos echamos a reír; las dos conocíamos bien la especie de presión social que proviene de la vergüenza pública.

—Últimamente he estado siguiendo la situación reciente de la India y el número creciente de violaciones que se están haciendo públicas allí —continué con tono serio de nuevo—. Las violaciones son demasiado habituales en la India, pero la mayoría no se denuncian porque la cultura culpa a la víctima y se la ve como si hubiera traído la vergüenza a la familia. En muchos casos no son solo los hombres, sino también las mujeres, las que acusan a las víctimas de «buscárselo» por ir vestida de forma provocativa o por salir hasta tarde por las noches.

»La violación no debe tolerarse bajo ninguna circunstancia, así que me entristece que alguien, especialmente una mujer, sea capaz de culpar a la víctima por la violación. Creo que nosotras como mujeres debemos defender a esas chicas y también tenemos la obligación de enseñarles a nuestros hijos que deben respetar y proteger a los que son más débiles físicamente y que no solo es abominable violar y maltratar a una mujer, sino también amparar a los que lo hacen.

—Estoy de acuerdo —admitió Samirah—. En mi cultura normalmente intentamos controlar a nuestras hijas, en vez de enseñarles a nuestros hijos a respetar y cuidar a las mujeres. Y no sé por qué lo hacemos.

—Creo que es porque la gente ha sido así durante generaciones —contesté—. Y quiero que quede claro que no estoy culpando a ninguno de los sexos por la situación en que nos encontramos; no hay excusa para que nadie cometa actos atroces como esos y es detestable que cualquier persona dentro de una sociedad civilizada apruebe el uso de la fuerza para aprovecharse de los que son más débiles, pero no quiero buscar culpables, porque eso no lleva a ninguna parte. Como sociedad o cultura, todos tenemos que asumir nuestra parte de responsabilidad por permitir que ocurran estas cosas. Eso es mucho más útil que sentarnos a esperar a que cambien las cosas.

»Uno de los desafíos a los que se enfrentan muchas sociedades —continúe— es que apenas tienen modelos de conducta que sean mujeres que hayan desarrollado su vida de forma libre en el mundo. Incluso hoy, las mujeres siguen apareciendo a la sombra de sus maridos, y las que son progresistas y quieren mejorar sus vidas sienten que tienen que luchar en un mundo de hombres, algo muy lamentable. Tener que estar siempre peleando para mantener su dignidad y su libertad obliga a las mujeres a reprimir sus cualidades femeninas y a volverse más masculinas para triunfar. Y aunque admiramos desde la distancia a las que lo hacen, la mayoría de las mujeres tienen miedo de hacer lo mismo y no encuentran el coraje para competir con los hombres en su terreno, porque saben que serán juzgadas y que dirán que son irascibles, mandonas y agresivas. Y a muchas mujeres les preocupa que eso les vuelva menos atractivas para el sexo opuesto.

LA DELICADEZA ES FUERZA

—Recuerdo que en el último trabajo que tuve antes de mi enfermedad, fui ascendiendo por el escalafón empresarial hasta que alcancé un techo de cristal —conté—. Me di cuenta de que no iba a poder llegar más allá. Todos los que había en la cúpula eran hombres y simplemente sabía que no me iban a dejar ascender más aunque trabajara mucho y me llevara de maravilla con todos mis clientes. Cumplía con los objetivos y lo estaba haciendo todo muy bien, pero cuando me llegó el momento de ascender, le dieron el puesto a un hombre. Y mi jefe me dijo claramente que no iba a lograr ascender más.

»Yo quise saber por qué, y él básicamente reconoció que era por ser mujer. Y que además estaba casada, añadió, así que seguro que me iba distraer mi marido y tal vez mis hijos si los tenía. No solo me dejó claro que el ascenso estaba fuera de mi alcance, sino que también mencionó el hecho de que no tendría problema en relegarme a un puesto de menor categoría en cualquier momento si me convertía en la «típica mujer» y dejaba que mi matrimonio y mi hogar me apartaran del trabajo.

»Durante una temporada me esforcé por ser dura y fuerte, por demostrar que podía hacer el trabajo tan bien como un hombre. Trabajé muchas horas y soporté un trabajo estresante en un ambiente dominado por hombres, intentando todo el tiempo no parecer «la típica mujer». Pero estaba claro que a mi jefe no le gustaba que yo lo hiciera tan bien, porque no quería que fuera «uno de los chicos» del equipo de dirección. Varias veces me puso zancadillas deliberadamente para que fallara, aumentándome los objetivos hasta un nivel poco realista y después informando a la oficina principal de que no los cumplía.

»Cuando yo me quejaba por recibir ese tratamiento, él me decía que era demasiado sensible y que necesitaba endurecerme si quería seguir ascendiendo. Al principio me machacaba y me reprochaba el hecho de ser tan sensible. Tenía miedo de que mi jefe me relegara por ser débil, así que intenté reprimir todas mis cualidades femeninas y «masculinizarme». Pero pronto me vi agotada, estresada y tan quemada que al final dimití. En aquel momento sentí un gran enfado contra mi jefe, porque sabía que me había manipulado deliberadamente.

»Solo después de mi experiencia en el otro reino llegué a darme cuenta de que sí, que soy la típica mujer y que debería estar orgullosa de ello. ¿Qué tiene de malo tener las «típicas» cualidades femeninas? ¡Pero sin son algunas de mis mejores cualidades! No debería necesitar ser como un hombre para triunfar en este mundo. De hecho, yo merecía ese éxito *por* esas cualidades, no *a pesar de* ellas.

—Tenemos que dar un paso adelante y convertirnos en líderes —afirmó Samirah con entusiasmo—. Deberíamos tener nuestros propios negocios, nuestras empresas, donde tanto la energía femenina como la masculina coexistan en armonía. Necesitamos ver nuestra sensibilidad como una verdadera fortaleza, no como una debilidad, y permitir que nuestra empatía, nuestra compasión y nuestros corazones salgan a la luz en vez de esconderlos para poder competir en «un mundo de hombres».

—¡Sí! —exclamé—. Ese es el error que cometemos, tanto los hombres como las mujeres, y es una de las razones fundamentales por las que nuestro mundo está tan desequilibrado. Nos hemos creído el mito de que las cualidades femeninas son más débiles y de que necesitamos enterrarlas para tener éxito en nuestras carreras, cuando en realidad no tienen *nada* de débiles y merecen respeto. Tanto lo masculino como lo femenino son necesarios para crear un conjunto equilibrado y sano. De hecho, para lograr la mejor sociedad posible, necesitamos pensar en alcanzar la liberación de todos, tanto hombres como mujeres o transgénero; tanto gais como heteros, sin importar la raza de la persona ni su nivel socioeconómico.

»Tal vez le interese saber que, tras dejar ese trabajo que le comentaba, mi jefe lo pasó mal porque yo era la que había establecido la relación comercial con los clientes. Mi empresa era un mayorista de accesorios de moda para mujeres y mis clientes confiaban en mí para que hiciera los pedidos de los productos adecuados para sus tiendas, porque al parecer se me daba bien elegir estilos que les iban bien a las mujeres asiáticas. A lo largo del tiempo había establecido importantes vínculos con todos ellos. Cuando mi jefe tuvo que ocuparse personalmente, no tenía ni idea de qué pedir ni tenía ninguna relación con ellos, así que los clientes simplemente se fueron. No les agradó que me viera obligada a marcharme y se decantaron por comprar a otras firmas. Lo que no supo ver mi jefe cuando me amenazó fue que los clientes me guardaban fidelidad a *mí*, no al producto. Al final la empresa perdió tanto dinero que la oficina principal decidió despedir a mi jefe y vender todo el departamento.

Samirah se rió por la ironía que encerraba mi historia. Pero después se puso seria.

—Me alegro de que aprendiera la lección de que solo por el hecho de que no fueras el típico hombre de negocios no significaba que no le estuvieras añadiendo un gran valor a la empresa —dijo—. Pero ese tipo de situaciones pasan continuamente por todo el mundo; cuando infravaloran a una mujer *solo por su sexo*, eso va en detrimento no solo de esa mujer, sino de *todo el mundo*, de la sociedad en general.

—Sí, estoy de acuerdo, pero creo que eso está cambiando lentamente y que al menos se están haciendo *ciertos progresos* —contesté—. Si queremos superar el desequilibrio que la sociedad ha creado, necesitamos tanto a los hombres como a las mujeres para conseguir que ese progreso continúe y, como has dicho, eso servirá para el beneficio de *todos* nosotros.

—No podría estar más de acuerdo, Anita —repitió Samirah, sonriendo de oreja a oreja—. Me siento llena de esperanza después de hablar de esto con usted, aunque no hayamos podido solucionar ninguno de mis problemas.

—Lo sé, estaba pensando en eso justamente —intervine—. Hemos arreglado el mundo, pero ni nos hemos acercado a su situación personal.

Y las dos nos reímos de nuevo con mucho placer.

—Pero *usted* ahora tiene voz —replicó Samirah, con los ojos muy abiertos por la emoción—. Ahora tiene una plataforma desde la que puede expresarse y gritarle al mundo. ¡Utilícela! Tiene que hablar en algún momento de *todo* lo que hemos tratado en esta conversación.

—Lo haré —aseguré.

—Ahora lo entiendo todo. No se trata de culpar a nadie, ni a los hombres ni a las mujeres —afirmó Samirah—. Se trata de que nos unamos y empecemos a asumir nuestra parte de responsabilidad por haber creado este mundo, sobre todo si queremos crear ahora uno mejor y más equilibrado para nosotros y nuestros hijos. Incluso si mi marido no cambia o no ve las cosas de esta manera, mis hijos no tienen que perpetuar ese mito dañino en la siguiente generación. Esa es la razón por la que ahora veo a través del mito: porque, al menos en mi familia, esto acaba conmigo. Ahora es tarea mía enseñarles a mis hijos la verdad.

—¡Exacto! —exclamé emocionada—. Acabar con este mito significa enseñarles a nuestros hijos a tratar a las mujeres como queremos que traten a nuestras hijas, en vez de intentar controlar a nuestras hijas y después culparlas cuando los hombres les faltan al respeto y las tratan mal. Y nunca se sabe, Samirah, puede que su marido aprenda algo de sus hijos algún día. A veces pasa, ¿sabe? Todavía no es demasiado tarde.

—Me encantaría que eso ocurriera —contestó Samirah con voz esperanzada.

—Por cierto, ¿podría incluir esta conversación en mi próximo libro? —pregunté.

—¡Sí, por supuesto! De hecho, *debería* incluirla —respondió, pero me pidió que no utilizara su nombre real y yo le aseguré que no lo haría.

En ese momento miré mi reloj y me di cuenta de que era mucho más tarde de lo que creía. El tiempo había pasado volando hablando con Samirah.

—Samirah, tengo que irme corriendo o voy a perder el coche que me lleva al hotel —dije.

—He disfrutado muchísimo de estar aquí charlando con usted —agradeció mientras se levantaba—. Ha sido una conversación preciosa. ¡Muchísimas *gracias*!

—Yo también la he disfrutado mucho y además acaba de regalarme otro capítulo para mi nuevo libro, así que soy yo la que debería estar agradecida —respondí riéndome mientras nos abrazábamos.

Después nos separamos amistosamente y Samirah se fue hacia la entrada principal del edificio mientras yo me dirigía a la sala de los autores, que estaba detrás del escenario. Recordaré esa conversación durante mucho tiempo y sé que Samirah y yo seguiremos ocupando los pensamientos de la otra a menudo mientras las dos continuamos con nuestros viajes vitales, independientes pero a la vez conectados.

Vivir el cielo *aquí* y *ahora*

Si «las mujeres son el sexo débil» es un *mito*, entonces ¿cuál es la *verdad*?

Posibles verdades que merece la pena considerar:
- Ninguno de los dos sexos es superior o inferior al otro; los dos tienen cualidades importantes que son necesarias para formar un todo completo y equilibrado. Ese todo no solo es mayor que la suma de sus partes individuales, sino mucho más grandioso de lo que somos capaces de comprender.
- En el reino del espíritu, no tenemos cuerpos físicos y por lo tanto tampoco hay sexos. Todos somos iguales y tenemos el mismo poder.
- Nosotros elegimos nacer en el reino físico como hombres o como mujeres (o como transgénero), dependiendo de lo que queramos experimentar en nuestra vida.
- Nacemos sabiendo la verdad de quienes somos (incluyendo nuestro sexo o nuestra orientación sexual) y con el deseo de compartir esta verdad con los demás. Pero al crecer vamos olvidando fácilmente esa verdad y dejamos que la sociedad nos condicione para modificar nuestra imagen (y apagar nuestra luz) con el fin de encajar mejor en lo que esta considera aceptable o deseable.

Consejos y ejercicios:
- Haz el compromiso, tanto si eres padre como si no, de enseñar a los niños de ambos sexos a sentirse seguros de sí mismos (incluyendo enseñarles a llamar la atención sobre su situación si alguien intenta intimidarles), así como de

inculcar a los chicos el respeto hacia las chicas (y viceversa). Tú debes ser un modelo de conducta para ellos en ese sentido.

- Ten en cuenta que hacer ese compromiso y dar esos pasos, aunque sean pequeños al principio, te hará sentir como una parte activa, segura y vital de la solución y no como un observador pasivo o una víctima del *statu quo* de la sociedad.

- Si eres mujer, haz una lista de tus rasgos femeninos más marcados (por ejemplo, la sensibilidad, la intuición, la empatía, la compasión, la capacidad para cuidar a los demás, etc.) y reflexiona sobre cómo esos rasgos te permiten añadir luz al mundo y hacer contribuciones valiosas. Si eres hombre, haz una lista de los rasgos femeninos más marcados de las mujeres que tienes a tu alrededor y reflexiona sobre qué dones te han traído esos rasgos a ti y a los demás.

Preguntas para uno mismo:
- ¿Cómo sería negarse a tolerar cualquier acto de sexismo, violencia o cualquier otra cosa desagradable que presencie, tanto si está dirigido a mí o como si no? ¿Cómo puedo ser parte de la solución?

- ¿De qué formas sutiles puedo haber aceptado automáticamente, y posiblemente sin ser del todo consciente de ello, la visión de la sociedad sobre que las mujeres son inferiores?

- ¿Qué cualidades poderosas oculto (al menos a veces) para no atraer demasiada atención o para evitar que otros se sientan incómodos? Si me sintiera orgulloso de esas cualidades y libre para demostrarlas en todo momento, ¿cómo cambiaría mi vida?

Sé que no estoy permitiendo que mi sexo determine mi valor
personal cuando...

- No permito que las opiniones y las creencias de la gente sobre mi sexo biológico, mi identidad de género o
mi orientación sexual (y también mi raza o mi nivel
socioeconómico) me hagan de alguna manera sentirme
inferior, más pequeño o más débil que otros.

- Me niego a tolerar o a continuar con ningún condicionamiento de la sociedad que insista en que un sexo o una
orientación sexual es más deseable o superior que los
otros. Estoy dispuesto a hacer lo que haga falta para que
eso no siga perpetuándose gracias a mí.

- Acepto mi parte de responsabilidad por el mundo que he
ayudado a crear y no culpo a los demás por cómo han
contribuido ellos a los desequilibrios que hay en él. En
vez de eso, me centro en ayudar a restaurar el equilibrio,
sabiendo que eso inspirará a otros para que tengan el
valor de hacer lo mismo.

CAPÍTULO DIEZ

Mito: Tenemos que ser positivos siempre

—MI HIJO DE CORTA EDAD MURIÓ hace tres meses y quiero saber por qué me lo han arrebatado tan pronto. Era mi único hijo y todo mi mundo. Soy madre soltera y él era mi razón de vivir. —La mujer joven que sostenía el micrófono hablaba con voz temblorosa y tenía los ojos llenos de lágrimas—. No puedo soportar la idea de no volver a verlo. Nada de esto tiene sentido para mí y no sé cómo voy a poder seguir viviendo.

Estaba haciendo una gira de conferencias por Australia y ese día hablaba en Brisbane. Ya casi había terminado mi presentación; estábamos en el turno de preguntas, un momento que suelo disfrutar. Pero cuando esa madre, rota de dolor y con las lágrimas cayéndole por las mejillas, se quedó esperando a que le respondiera, me di cuenta de que no podía hablar; no tenía palabras.

Aunque sabía, gracias a mi experiencia personal en el otro reino, que su hijo estaba bien, también sentía que por mucho que yo se lo asegurara, no iba a ser suficiente para ella (ni apropiado en su estado). Las palabras de la mujer me habían llegado a lo más profundo del corazón y en ese momento me resultaba imposible hablar. Lo único que veía y sentía en ese momento era su dolor y su pérdida y me encontré totalmente inmersa en su sufrimiento.

El tiempo pareció detenerse. A mí prácticamente se me olvidó que estaba en un escenario, frente a cientos de personas que esperaban que yo dijera algunas palabras de amor y consuelo. Sin duda se estarían preguntando qué lección de sabiduría iba a salir de mi boca para ayudar a esa madre doliente a encontrarle sentido a su terrible situación y a reconciliarse con su pérdida. Seguramente tenían la esperanza de que mi respuesta también les ayudara a darle algún sentido a sus propias angustias y al dolor sin resolver que les había quedado tras la pérdida de algún ser querido. Me miraban en busca de una confirmación de que la vida sigue más allá de la muerte, porque sabían que yo había estado allí.

Imaginé que la mayoría querrían oír algo del estilo de «tu hijo no ha muerto; solo ha cambiado de forma. Sigue contigo, pero ahora se encuentra en un estado de no dualidad». O tal vez creían que iba a decir: «No morimos. La muerte es una ilusión. Él está libre y feliz. Y quiere que te alegres por él».

Si hubiera dicho algo así, tal vez incluso me habrían aplaudido. Pero aunque *sabía* por propia experiencia que *todas* esas afirmaciones eran ciertas, allí, delante de todos, viendo las lágrimas caer por la cara de esa mujer, no me salió nada. Todas las palabras me sonaban falsas en la cabeza y tenía la sensación de que sonaban a tópicos; en esa situación decir «lo correcto» o «lo que era de esperar» me parecía condescendiente. Aunque había experimentado el amor y la belleza del otro reino, mientras permanecía en mi forma humana seguía sintiendo dolor. Sufría. Sentía pena. Y en ese momento sentí en lo más profundo que sería falso intentar decirle cómo *debería* sentirse y llevar esa situación tan insoportablemente dolorosa.

«¡Cómo no va a echar de menos la presencia física de su único hijo! Echa de menos su sonrisa, su voz, el tacto de su piel, la textura de su pelo, el sonido de su risa, su olor y todos sus gestos», pensé. Supuse que seguramente le estaba costando incluso deshacerse de sus pertenencias y que probablemente seguiría abrazando sus jerséis para intentar llenar el enorme vacío de su corazón. Lo supe por todas las historias de dolor por la pérdida de seres queridos que la gente ha compartido conmigo a lo largo del tiempo, con la esperanza de que yo les dijera algunas palabras de consuelo que aliviaran su dolor.

Sin pensar en lo que estaba previsto en el programa, en la gente del público ni en ninguna otra cosa, bajé del escenario por los escalones y me acerqué hacia esa señora mientras le hacía gestos para que viniera hacia mí. Cuando nos encontramos, la rodeé con mis brazos y la abracé con fuerza. En ese momento no sabía qué otra cosa hacer o decir; lo único que me pareció adecuado fue conectar con ella físicamente y demostrarle que no estaba sola.

—Siento tu dolor —dije sin soltarla—. Lo siento como propio.

Ella lloraba contra mi hombro y noté que se me llenaban los ojos de lágrimas también: me llegó todo lo que ella sentía, toda la pena y la pérdida que había en su alma.

Las emociones que rodeaban el sufrimiento de la mujer no provenían solo de la noción de que no iba a volver a ver a su hijo en este plano físico, sino también de la fuerza de su voluntad por seguir viviendo. Yo sabía que en el esquema general de las cosas, si ella estuviera destinada a morir de tristeza, volvería a estar conectada con él de nuevo y que todo estaría bien. Pero en ese momento la parte más humana de mí no quería que ella muriera de pena y me sentí impotente. Sabía que, incluso con los conocimientos que había aprendido en el lugar en el que había estado y gracias a lo que había pasado, no había nada de lo que tenía que ver con mi experiencia que pudiera decir en ese lugar y en ese momento para ayudarla realmente a aliviarle su dolor. Lo único que podía hacer era abrazarla y permitirle llorar, además de asegurarle que sus lágrimas eran la manifestación del amor y la devoción que sentía por su hijo. Quería que se sintiera tranquila sabiendo eso y que también supiera que no es malo sentir dolor.

Tras un rato (no sé si pasó un minuto o diez; no tenía noción del tiempo en esa situación) nos separamos y nos miramos a los ojos. No sentí la necesidad de decir nada más, así que me giré despacio y volví al escenario intentando recuperar la compostura. No fue fácil. Seguí con lo que quedaba de la charla, pero estuve todo el tiempo sintiendo desasosiego en mi interior y agradecí cuando por fin se acabaron todos los actos.

Cuando acabé de firmar libros y Danny y yo ya íbamos de vuelta al hotel, mi marido se volvió hacia mí con cara de preocupación.

—¿Estás bien? —preguntó Danny—. La pregunta de esa mujer sobre su hijo te ha afectado bastante.

—Sí, creo que estoy bien —respondí—. Solo cansada. Seguro que por la mañana estoy mejor.

EL CORAZÓN TIENE SUS RAZONES

Cuando volvimos a la habitación del hotel, me quité los zapatos y encendí el hervidor para hacerme un té. Después me senté en un sofá para relajarme y cogí mi portátil para mirar el correo electrónico. Vi que mi ayudante me había reenviado un mensaje que había llegado solo unos minutos antes a través de la sección Contacto de mi página web. El mensaje, bastante largo, estaba escrito por una mujer que se llamaba Shona, que estaba entre el público de la charla que había dado ese día, y me escribía para comentarme su opinión.

Shona escribió que cuando esa madre que lo estaba pasando tan mal hizo la pregunta sobre su hijo, debería haberle asegurado que el niño estaba bien y que seguía viviendo en el otro reino. Yo, precisamente, debería saber que su hijo no estaba muerto y por ello tendría que haberle recordado que su hijo estaba feliz, que la vida es una ilusión y que debería estar contenta por él. El correo seguía y seguía, enumerando las muchas verdades que yo había compartido en mi primer libro y en mis charlas. Shona quería saber por qué, cuando tuve delante la oportunidad perfecta para decir *todas* esas cosas que había dicho tantas veces antes y que sabía por mi ECM que eran ciertas, no dije ninguna.

Shona me escribía que se había quedado muy decepcionada al ver que le había dado la espalda a mis enseñanzas y que, cuando me vi ante una situación de la vida real, en vez de confiar en lo que ella sabía que yo creía, me había dejado envolver por la ilusión de sufrimiento. Mi papel era el de animar a la gente y darle esperanza, insistía, pero yo me había rebajado al nivel de los que están atrapados en la ilusión.

Se me puso la cara escarlata mientras leía el mensaje, pero no porque estuviera enfadada con Shona, ni mucho menos; estaba disgustada porque pensé que seguramente habría decepcionado al resto del público también. Ellos querían que yo les tranquilizara hablándoles de la imagen completa y yo les había fallado. Esperaban que les animara, que les diera algo positivo, y yo había hecho justo lo contrario.

¿Los pensamientos crean la realidad?

Esa noche di muchas vueltas en la cama mientras reproducía en mi cabeza todo lo que había pasado ese día. Empecé a decirme que, si había decepcionado al público, tal vez eso significaba que ellos me percibían como algo que yo no era. Nunca había intentado ser una gurú, ni la encarnación de nada, y mi mensaje nunca ha incluido la afirmación de que tenemos que ser positivos todo el tiempo. De hecho, yo siempre he dicho en mis enseñanzas que pensar así evita que brille verdaderamente nuestra autenticidad. Creer que tenemos que ser positivos siempre nos envía el mensaje de que lo que somos no es lo bastante bueno y por eso que tenemos que cubrir nuestro verdadero ser con una pátina de positividad.

Mi mundo no dejaba de girar a toda velocidad. Empecé a preguntarme «¿quién sería yo si dejara de darle a la gente estos mensajes? ¿Quién soy en realidad? ¿Quién sería si decepciono a la gente? ¿Sigo siendo igual de valiosa para este mundo?».

El miedo a decepcionar a los demás es una de las formas que tenemos de perdernos y dejar a un lado nuestra autenticidad: intentamos cumplir con las expectativas de otros en vez de per- mitirnos ser quienes somos. Me di cuenta en ese momento de que, aunque decepcionara a todo el mundo, nunca volvería a ser la persona que era antes; la persona que quería agradar *a todos* y que bailaba al son de cualquiera, pero nunca al mío. Una persona que daba y daba, incluso cuando ya no tenía nada que dar, hasta que me quedé tan vacía que tuve cáncer.

Mi mente volvió a ese momento y al miedo que sentía cuan- do mi sistema linfático estaba siendo devastado por las células cancerígenas mientras la enfermedad progresaba en mi cuerpo. Recordé que gente con buenas intenciones (esa gente que había leído todos los libros espirituales y había hecho todos los cursos de superación personal) me decía cosas como: «Tus pensamientos son los que crean tu realidad y eso significa que debes de haberte creado el cáncer con sus pensamientos. Así que vigílalos».

Al principio investigué todo lo que pude sobre la ley de la atracción, porque quería vencer a esa bestia que se estaba ceban- do con mi cuerpo. Quería entender cómo la había atraído, de modo que cada vez que tenía un pensamiento que creía que era negativo, lo atrapaba, lo apartaba y lo escondía en algún rincón de mi mente. Pero aun así los pensamientos resurgían cuando el cáncer seguía extendiéndose.

Temía no estar siendo lo bastante diligente y me convencí de que tenía que obligarme a esforzarme más para erradicar esos pensamientos negativos. Creé paneles de visiones, recortando cosas de las revistas y fijándolas en un corcho, y siempre visualizaba cosas positivas. Cada vez que un pensamiento lleno de miedo sobre el cáncer o la muerte se colaba en mi mente, experimentaba aún más miedo, porque estaba convencida de que cada uno de esos pensamientos contribuía directamente a la progresión de la enfermedad. Así que intenté obligarme a no tener ni un solo pensamiento negativo nunca.

«¿Por qué sigo teniendo pensamientos negativos? Me esfuerzo mucho por controlarlos y por ser positiva y crear una realidad positiva. ¿Por qué no funciona? ¿Por qué sigue progresando el cáncer?» me decía, enfadada.

El miedo y la frustración que sentía en esa época eran palpables y hablar con esa gente con buenas intenciones muchas veces me hacía sentir peor. Creía de verdad que el cáncer estaba progresando porque «yo no lo estaba haciendo bien». Estaba convencida de que mis creencias no eran lo bastante fuertes y que mis pensamientos no eran suficientemente positivos (o ambas cosas).

LA EXPERIENCIA COMPLETA DE SER HUMANOS

Tumbada en la cama esa noche, di infinidad de vueltas antes de quedarme dormida por fin. Cuando me desperté por la mañana seguía estando agotada, tanto por la jornada repleta que había tenido el día anterior como por haberme quedado despierta hasta muy tarde. No oí el despertador y cuando Danny, que ya estaba en la ducha, me oyó moverme por la habitación, me recordó que debíamos darnos prisa porque teníamos que ir al aeropuerto.

Esa mañana me sentí muy lenta y muy torpe todo el tiempo; todavía estaba intentado reconciliarme y asumir lo que había pasado el día anterior. Se me pasó por la cabeza la idea de que no importaba cuántos libros leyéramos, lo profundas que fueran nuestras experiencias espirituales, lo amplio que fuera el despertar que habíamos conseguido o cuánta gente atrajéramos a nuestros seminarios en nuestro papel de maestros; a pesar de todo eso no podíamos aliviar el sufrimiento humano.

No estoy diciendo ni mucho menos que ser consciente a nivel espiritual no sea importante. Después de todo, cuanto más conscientes somos de nuestra conexión con todo y con todos, es menos probable que les causemos dolor a los demás (a los miembros de nuestra familia, a nuestro círculo de amigos, a nuestra comunidad o al mundo en general) o que le hagamos algún daño al medio ambiente o al planeta. Pero el dolor profundo solo es el otro lado de la moneda del amor profundo. Un parte intrínseca de esta experiencia humana es sentir el dolor y la pérdida cuando alguien que queremos muere. ¿Cómo podría explicarle a la gente que no importa cuánto intente describir la magnificencia que experimenté en el otro mundo (ni cuántas veces asegure que todo es siempre perfecto dentro de la imagen completa de las cosas) porque mientras estemos aquí, en esta vida, el dolor, la vergüenza, la decepción, el miedo, el sufrimiento y demás siguen siendo muy reales?

PERMITIRTE SENTIR DOLOR

Por muy convencidos que estemos de que despertaremos de esta ilusión mortal cuando muramos, eso no reduce necesariamente la agonía que pasa un viudo reciente o un padre que ha perdido a su hijo. Los que han experimentado el trauma de perder a un familiar en un tsunami, un terremoto o en una matanza en una escuela van a tener que pasar indudablemente por el dolor y la angustia. Los que cuidan a familiares con enfermedades graves o terminales sentirán el sufrimiento, la pérdida y el dolor.

El hambre de una niña mendiga de la India, que lleva a su hermano más pequeño en brazos y, cuando pasas a su lado por la calle, te mira con los ojos muy abiertos por la anticipación y con la manita extendida, es real. Por mucho que intente convencer a la niña con hambre de que esto es una ilusión y de que todo es perfecto en la imagen completa de las cosas (todo parte del *yin* y el *yang*, de lo positivo y lo negativo que necesariamente conforman esta vida de dualidad) su hambre (y la de su hermano) no va a desaparecer.

Así que cuando me encuentro con alguien que está sufriendo mucho y me pregunta por qué su situación es tan dolorosa, me siento desgarrada entre darle mi visión de por qué existe el dolor dentro de la perspectiva de la imagen completa y reconocer y honrar el dolor de esa persona en el punto en el que está en ese momento, permitiéndole sentir lo que sea que esté sintiendo sin juicio alguno.

Últimamente, desde que parece que la creencia popular es que «una actitud positiva crea una realidad positiva», los que pasamos por momentos dolorosos y angustiosos tenemos que soportar algo más que nuestro propio sufrimiento; tenemos que aguantar a aquellos que nos rodean cuando insisten en que seamos positivos. Aunque es natural sentir emociones difíciles, cuando tenemos que vérnoslas con el dolor y la pérdida, una parte importante de nuestra sociedad se siente incómoda ante ellas. Si seguimos esa forma de pensar supuestamente mejorada, nos estamos viendo empujados a no tener una experiencia auténtica y nos vemos arrastrados a creer que si sentimos dolor, estamos fracasando.

Sentir optimismo y esperanza sin duda es algo beneficioso, pero cuando aparecen inevitablemente las calamidades de la vida en nuestro camino, pensar que tenemos que seguir siendo positivos durante la crisis solo empeora nuestra carga. Muchas veces nos sentimos avergonzados de nuestro dolor y pensamos que nos lo hemos causado nosotros por nuestra falta de espiritualidad. Igualmente cuando los que sufren son otros, no les dejamos espacio para que expresen su dolor, sino que les decimos tópicos y les damos consejos. Pero aunque el pensamiento positivo y las afirmaciones pueden ser elementos útiles y valiosos, hay veces que no nos ayudan lo más mínimo. Pueden convertirse solo en unas tiritas, que solo nos tapan la herida para que no la veamos.

He aprendido que la mejor manera de *dejar atrás* el dolor es *pasándolo*. Ahí es donde está el verdadero remedio. Eso significa que primero hay que reconocer que el dolor está ahí y después aceptarlo. Reconoces su presencia y te permites sentirlo de verdad. Lo *posees*.

El dolor no viene *nunca* sin traer algún regalo con él. Por encima de todo, el dolor nos proporciona empatía para comprender mejor a otros que también pasan por la pérdida, la pena y el sufrimiento. Esas experiencias son las que nos hacen más humanos y a la vez más divinos.

SOLO SÉ TÚ MISMO

Durante la noche anterior, que pasé casi en vela, recordé algunas lecciones que aprendí durante mi ECM. Primeramente aprendí que mis *pensamientos negativos* no fueron los que me causaron el cáncer; la responsable de eso fue la *falta de amor por mí*. Para mí esa lección resultó fundamental, pero solo llegué a comprenderla cuando traspasé el dolor y crucé al otro lado. Cierto es que no *elegí* pasar por ese dolor; me resistí todo lo que pude e intenté ocultarlo bajo grandes cantidades de positividad. Pero el regalo llegó cuando ya no podía soportarlo más.

Antes de tener cáncer, me pasaba la vida intentando ser positiva y sonreír siempre para caerles bien a los demás. Cada vez que tenía un pensamiento negativo, lo ahogaba y no dejaba que la gente pensara que tenía miedo.

Así que cuando mi cáncer se manifestó, no entendí cómo me podía pasar eso a mí, que siempre había sido una persona positiva. Creía que mis pensamientos debían haberme creado el cáncer, así que empecé a tener miedo de mis pensamientos. Y después *temí ese miedo* a mis pensamientos. Me ahogué en un torbellino infinito de miedo. Pero durante mi ECM me di cuenta de que la clave no era ser positiva, sino *ser yo misma*. No necesitaba erradicar todos los pensamientos negativos, necesitaba *quererme por quien soy y no por lo que otros quieren que sea*. Si hubiera sabido esa verdad, nunca habría temido a mis pensamientos, porque me habría dado cuenta de que solo son parte de quien soy. Negar mis emociones negativas y creer que esa negatividad estaba mal, solo sirvió para empeorar mis problemas.

DIRECTO DESDE EL CORAZÓN

Esa mañana, después de leer el *email* de Shona, me sentía lenta y torpe porque había vuelto a ese punto, a ese lugar en el que intentaba ser lo que otras personas querían que fuera. Entonces Danny me recordó que teníamos que dejar la habitación del hotel pronto, así que me vestí y cerré las maletas. Cuando llegamos a recepción, alguien me llamó desde el otro extremo del vestíbulo. Levanté la vista y vi a una mujer rubia que se acercaba a mí sonriendo. Se presentó como Ariana y dijo:

—Estuve en su charla ayer y me encantó. Aprendí *muchísimo*.

—Muchas gracias —respondí, contenta y además aliviada de que le hubiera gustado.

—Tengo una pregunta, si no le importa —dijo.

—No, claro que no me importa, pregunte.

—Me encantaría hacer algo similar a lo que hace usted —empezó Ariana—. Querría hacer talleres y hablarles a otras personas para inspirarlas. ¿Qué consejo podría darme sobre cuál es la mejor manera de inspirar a los demás?

Nunca sé cómo responder a una pregunta como esa. Normalmente digo lo que surge en mi cabeza en el momento y siempre parece ser lo que la persona necesita oír. Así lo hice también esta vez.

—No se centre en cosas como «inspirar» a los demás —respondí—. Solo siga lo que le dicte su corazón y esfuércese por inspirarse a *usted*. Después solo tendrá que compartir lo que ha aprendido. Debe centrarse en *usted*, no en el público. Si usted se mantiene inspirada y tiene pasión por la vida, lo único que necesitará hacer cuando llegue el momento será contar su verdad desde el corazón. Eso es todo.

—¿No tengo que esforzarme por inspirar a los demás? —preguntó Ariana—. ¿Tengo que inspirarme a mí misma y encontrar las cosas en las que creo, cosas que me apasionan, y compartirlas desde el corazón?

—Efectivamente —aseguré—. Si nos esforzamos por *intentar* inspirar a los demás, o por decir lo que creemos que quieren oír, o por ser lo que pensamos que ellos quieren que seamos, dejamos de ser auténticos. Todo nos sale de la cabeza y no del corazón. Cuando hablamos desde el corazón, el mensaje sale *a través de* nosotros, no *de* nosotros.

»Mis enseñanzas se basan en la importancia de ser auténticos por encima de todo. Si me centro en intentar darle al público lo que creo que quiere, acabaré haciendo lo opuesto a lo que les estoy animando a ellos a hacer. Se produce una dicotomía. ¿Lo comprende?

—Sí, sí, totalmente —contestó Ariana—. Muchas gracias por su tiempo.

Pero yo apenas oí su respuesta, porque de repente me di cuenta que eso que acababa de decirle a ella en realidad iba dirigido a *mí*, eran las respuestas que yo necesitaba oír. Tampoco fui muy consciente de que Ariana me daba un abrazo y después Danny me llevaba con prisa hacia el vehículo que nos esperaba fuera para llevarnos al aeropuerto.

La tensión y la represión que había sentido al comenzar la mañana habían desaparecido; me sentía más libre, más relajada… más viva. Había encontrado lo que *necesitaba*. No tenía que preocuparme por ese *email* (ni por ninguna otra cosa). Había hecho lo correcto el día anterior con la madre que sufría porque había seguido lo que me había dictado el corazón y ese es justo el núcleo de mi mensaje: sé tú mismo.

Cuando Danny y yo volvimos a casa esa noche, miré mi correo y encontré esperándome un mensaje de la mujer que había perdido a su hijo. Me daba las gracias por haberle dado su espacio para sentir lo que sentía y se mostraba especialmente agradecida porque no había juzgado su dolor, ni le había quitado importancia dándole consejos o diciéndole frases manidas, lo que para ella habría sido aún peor. Sus palabras me hicieron sonreír desde lo más profundo.

Experiencias como esta me recuerdan el riesgo que supone ser autora y conferenciante en el campo de la autoayuda, la inspiración y la espiritualidad: podemos vernos fácilmente atrapados en la pretensión de mostrar siempre nuestro «mejor yo» en público y acabar siendo uno de esos «conocedores de asuntos espirituales» o una autoridad en el mundo de lo espiritual. Como resultado es fácil perderse totalmente en un intento por agradar o impresionar a lo demás.

Quiero aclarar que no pretendo rechazar la ley de la atracción ni tampoco decir que tener pensamientos y actitudes positivas no sirve de ayuda. Lo que quiero decir es que creo que *atraemos* muchas cosas y situaciones en nuestras vidas, pero no solo con pensamientos y actitudes, sino *también con quiénes so-mos*. Atraemos lo que es verdaderamente nuestro, lo que realmente necesitamos en cada momento, tanto positivo como negativo.

Eso significa que cuanto más nos queramos y nos valoremos (y cuanto más elijamos de forma natural vivir en un lugar de felicidad y sentir que nos merecemos las cosas buenas), nuestras vidas reflejarán en mayor medida esas emociones y eso nos llevará a un estado de *optimismo*, que es un estado mucho más sano que el del esfuerzo por mostrarse siempre positivo.

Para lograr esto debemos dejar de intentar sentirnos de cierta manera y en cambio asumir *sin juicios* todas nuestras emociones, incluyendo la decepción, la frustración el dolor, la pena y el duelo. Tenemos que aceptar *todos* los aspectos de nuestro interior, porque ahí es donde se encuentra lo más profundo de nuestra humanidad.

Vivir el cielo *aquí* y *ahora*

Si «siempre debemos ser positivos» es un *mito*, entonces ¿cuál es la *verdad*?

Posibles verdades que merece la pena considerar:

- No podemos controlar que nos surjan pensamientos negativos e intentar ahogarlos no los va a hacer desaparecer; lo único que vamos a lograr es enterrarlos temporalmente.
- No pasa nada por sentir dolor, enfado, tristeza, frustración, miedo, etc. Son una parte natural de quienes somos como seres humanos.
- Experimentar lo que llamamos emociones negativas no significa que hayamos fracasado o que no seamos lo bastante espirituales.
- Aceptar el dolor nos da una oportunidad de recibir también los regalos que vienen con él (que solo aparecerán cuando hayamos llegado al otro lado del dolor).
- Los pensamientos negativos no nos enferman; no querernos es lo que realmente tiene un efecto adverso sobre nuestra salud.
- Cuando nos queremos, es fácil ser optimista. El optimismo es un estado mucho más poderoso que «intentar ser positivo», porque nace de un lugar más profundo de amor propio.
- Atraemos cosas y circunstancias en nuestras vidas no solo gracias a nuestros pensamientos y actitudes, sino por quienes somos y lo bien que nos aceptamos y lo expresamos.

Consejos y ejercicios:

- Sé consciente de que tener pensamientos negativos no significa ser una persona negativa, ni tampoco implica que te estés haciendo algún daño. Solo significa que eres humano.

- Cuando sientas miedo o negatividad, no luches con esos sentimientos o te juzgues por tenerlos. Permítete reconocer esas emociones y sentirlas completamente para que puedas pasar por ellas sin quedarte atrapado.

- Aprende a amarte y a sentir que mereces felicidad para que puedas experimentarla de forma natural (en vez de intentar algo imposible: introducir a la fuerza la alegría en tu vida).

- Si tienes dificultades para alcanzar esa felicidad, empieza por aceptar dónde estás ahora mismo. Tras la aceptación, busca estar en paz con tu situación actual. Después de la paz ya te será más fácil entrar en un lugar de gratitud. Y desde la gratitud ya solo hay un paso a la felicidad. La felicidad es el resultado de tener una gratitud y una apreciación totales por el estado de nuestras vidas en el momento presente.

- Recuerda alguna experiencia dolorosa del pasado e intenta identificar cosas que hayas ganado (grandes o pequeñas) tras pasar por esos malos momentos. Agradece esos dones que has recibido.

- Permite que los demás sientan lo que tengan en su interior y ten compasión por lo que están experimentando sin juzgarlos.

Preguntas para uno mismo:

- ¿Estoy expresando mi verdad desde el corazón o me quedo atrapado en mi cabeza intentando averiguar quién se supone que tengo que ser para encajar y agradar a los demás?

- ¿Estoy tranquilo sintiendo emociones negativas? Si no, ¿qué necesito hacer para permitirme estar tranquilo expresándome como quien realmente soy?
- Cuando juzgo mis pensamientos o acciones, ¿qué miedo hay tras ese juicio? ¿Cómo me sentiría si no me juzgara?
- ¿Puedo honrar el dolor de los demás y permitirles ser auténticos sin temer que estoy participando de la ilusión de dualidad?

Sé que estoy aceptando totalmente quién soy, incluyendo todos mis pensamientos y sentimientos, cuando...

- No intento apartar los pensamientos negativos; en vez de eso me permito reconocerlos y sentirlos completamente siempre que surgen.
- No me preocupo por lo que otros piensan o sienten; quiero y acepto todas mis emociones como una parte de lo que soy, sin juicios.
- Soy capaz de expresar mi verdadero ser, conectando con lo que me hace sentir más alegría y pasión.

Epílogo

J USTO CUANDO ESTABA TERMINANDO los últimos capítulos de este libro, recibí la impactante noticia de que mi querido amigo, el doctor Wayne Dyer, había fallecido.

Poco antes de que me enterara, unos amigos vinieron a comer con Danny y conmigo a nuestra nueva casa en California. Cuando llegó mi amiga Jennifer McLean, traía un enorme ramo de rosas naranjas.

—¿Qué pasa con el naranja? —me preguntó dándome las flores.

—¿A qué te refieres? —respondí con una sonrisa curiosa y acepté muy contenta las flores, admirando su inusual color y su dulce aroma. Eran absolutamente impresionantes.

—Cuando estaba en la floristería, iba a coger rosas rojas para ti —explicó Jennifer—, pero no dejaba de oír una voz en mi cabeza que me decía: «Coge las naranjas. ¡Las naranjas!». Está claro que tienes algún amigo en el otro lado que quería que tuvieras las rosas naranjas.

—Bueno, el naranja es mi color favorito —confesé—. Pero no se me ocurre nadie que esté en el otro reino que pueda habértelo dicho.

Durante unos segundos me preocupé de que alguien cercano hubiera muerto sin que yo lo supiera y estuviera intentando mandarme un mensaje. Pero pronto me vi inmersa en los preparativos finales de la comida y se me olvidó mi preocupación.

Poco después, mientras estábamos sentados a la mesa, sonó mi móvil. Cuando miré el nombre de la pantalla, vi que era Maya Labos, la asistente personal de Wayne y su mano derecha durante 38 años. Como viaja con él siempre, Maya y yo nos habíamos hecho muy amigas gracias a que Wayne y yo estuvimos compartiendo escenarios durante los últimos años.

—¡Hola, Maya! ¿Qué me cuentas? —saludé alegremente cuando cogí el teléfono.

—Es Wayne —contestó con voz llorosa y supe lo que iba a decir después—. Ha muerto esta noche, mientras dormía. Se ha ido.

Con esas palabras, el corazón se me encogió. No podía creer que fuera verdad. Wayne Dyer no podía estar muerto. La semana anterior había terminado una gira de charlas por Australia con él y cuando le dejé parecía lleno de vida y muy positivo, como siempre.

Entonces recordé mi anterior intuición de que alguien había cruzado al otro reino y me di cuenta de que había acertado con mi premonición. Wayne sabía que el naranja era mi color favorito. Solía bromear conmigo entre bambalinas sobre mi preferencia por el naranja (mi cartera, la funda del móvil y el bolso son todos naranjas). Él también tenía una relación especial con las naranjas (la fruta en este caso): siempre llevaba una al escenario para utilizarla como parte de una de sus famosas analogías. Wayne muy pocas veces subía al escenario sin esa naranja (si es que lo hacía alguna) y casi siempre se la tiraba al público cuando terminaba su conferencia, para enfatizar el mensaje.

De hecho, la enseñanza que ilustraba la naranja fue la que incluyó en el último *post* que colgó en su página de Facebook antes de morir: «Cuando exprimes una naranja, siempre sale zumo; lo que sale es lo que hay dentro. Puedes aplicar la misma lógica contigo: cuando alguien te exprima, te presione o te diga algo desagradable o crítico y de ti salga enfado, odio, amargura, tensión, depresión o ansiedad, eso es lo que hay dentro. Si lo que quieres dar y recibir es amor y felicidad, modifica lo que tienes dentro y cambia tu vida».

Supe que decirle a mi amiga Jennifer que me trajera las rosas naranjas era la forma que había tenido Wayne de decirme que estaba bien. Y aunque sabía, probablemente mejor que muchos, que Wayne estaba disfrutando de lo lindo donde estaba ahora, riendo y bailando de pura felicidad, envuelto en ese abrumador amor incondicional, sin dolor, sin expectativas, libre para expandirse y trascender, de todas formas me sentí afectada y triste.

Wayne había sido mi maestro, mi mentor y una de las personas que me animó en el viaje que él precisamente me invitó a iniciar como escritora y conferenciante. Si él no hubiera descubierto mi historia en internet y le hubiera pedido a la editorial Hay House que me buscara y me ofreciera escribir un libro sobre mi experiencia, hoy no sería la autora de un libro tan vendido, que viaja por todo el mundo compartiendo su visión de las cosas desde los escenarios y que está viendo como su vida se va a convertir en una película de Hollywood.

Mientras estábamos de viaje, atendiendo compromisos organizados por Hay House, Wayne y yo hablábamos muchas veces de la otra vida y de la expansión que se produce una vez que dejamos el cuerpo físico. Cuando me enteré de su muerte, no pude evitar sonreír al imaginarle experimentándolo de primera mano.

Wayne es y siempre ha sido un maestro apasionado. Para eso vino a esta tierra: para enseñar. Y dudo que haber dejado atrás su cuerpo haya conseguido detenerlo. Seguramente ahora es más apasionado aún, porque podrá llegar a más personas, y además a todas a la vez, y será capaz de enseñar de una manera más amplificada y más extensa que en el reino físico. En vez de haberse ido para siempre, ahora está más accesible para los millones de personas que le querían y probablemente se lo está pasando bomba revelándose de diferentes formas a todas las personas que tocó de alguna manera durante su vida. Ahora que ya no se ve limitado por las restricciones de lo físico, Wayne está aquí, allí y en todas partes.

Un día todos trascenderemos este plano físico hacia el reino infinito del más allá y, aunque muchos tienen miedo a lo que hay al otro lado, cruzar es lo fácil. Puedo asegurar que no hay nada que temer al otro lado. Lo verdaderamente difícil es vivir una vida de expansión, liberación, amor y felicidad *aquí*, en el plano físico.

Así que mi principal mensaje, inspirado tanto en mi ECM como en la vida y las enseñanzas de mi querido amigo, es que vivas tu vida como un ejercicio de creatividad, como si cada descubrimiento, cada exploración artística, importara en el tapiz cósmico de la vida, porque *realmente importa*. Sigue tu corazón para combinar de forma extravagante el derroche de colores que el universo pone a tu alcance y convertir así tu vida en tu obra maestra. Puede que te sorprenda tu creación. Como cuando escuchamos o ponemos una música maravillosa, nuestro objetivo no es llegar al final de la pieza; lo que pretendemos es disfrutar el viaje melodioso y feliz al que nos transporta la música, desde la primera nota e incluyendo todas las demás que vienen detrás. Como Wayne solía decir: «No hay que morir con tu música todavía dentro de ti».

Así que no debes tener miedo de no hacerlo bien o de no ser lo bastante bueno. Esos miedos son totalmente infundados. La vida no va de hacerlo bien, saber todas las respuestas a las grandes preguntas (ni siquiera las de las pequeñas, en realidad), leer los libros correctos, hacer los cursos adecuados o estudiar con los maestros. Tampoco va de tener profundas experiencias individuales, lograr estados alterados de consciencia o convertirse en un gurú espiritual al que escuchan multitudes. Ni siquiera, de haber estado muerto y regresar a la vida para compartir tu experiencia, te lo aseguro.

Lo *único* que importa en esta vida es que te permitas ser quien eres. Así de simple. Solo *ser tú mismo*, tu *verdadero* yo. Ser el *amor* que eres. Brillar con toda la fuerza que puedas. Y, mientras lo haces, no debes olvidarte de disfrutar de todo y divertirte, divertirte *mucho*.

Wayne ahora es muy consciente del arte que hubo en su vida y de todos los millones de personas que rozó con el pincel de su genialidad. Gracias, amigo mío, por venir a nuestras vidas y compartir tu belleza, tu sabiduría y tu humor con nosotros mientras hacíamos este viaje juntos. Y *gracias* por las rosas naranjas.

Namasté.

Agradecimientos

PARA MÍ ESTA ES POSIBLEMENTE la parte más importante del libro. Aquí es donde puedo expresar mi gratitud a todos los que, de una forma u otra, forman parte de mi viaje y que han tenido que ver, directa o indirectamente, en que este libro viera la luz.

Primero, y fundamentalmente, quería darle las gracias a mi mejor amigo y hermano del alma, Río Cruz. Todas las palabras de gratitud que pueda decir suenan tópicas y no son ni remotamente suficientes para trasmitir lo que siento por todo el apoyo y los ánimos que me has dado para que me lanzara a transmitir mi mensaje. Durante estos años has ejercido una influencia total en mi viaje. Tu sólida convicción en mi testimonio cuando otros me cuestionaban me mantuvo en la brecha. Gracias por ser mi mejor animador y mi caja de resonancia y también por ayudarme a permanecer cuerda cuando intentaba encajar en este mundo que no estaba listo para oír lo que yo tenía que compartir. Gracias, amigo mío. Te quiero muchísimo.

Quiero darle las gracias a mi buena amiga y confidente Maya Labos: gracias por ser ese algo mullido donde aterrizar cuando vamos en carretera y por ser como un familiar en ausencia de los verdaderos. Eres la persona a la que recurro para todas las cosas que tienen que ver con hablar en público y para muchas otras más. Gracias por estar ahí durante todos los altibajos de estas giras, por ser mi cómplice, la persona siempre divertida que me acompaña en los viajes entre conferencias y mi pilar de fuerza tras la muerte de nuestro querido amigo, el doctor Wayne Dyer.

Muchas gracias a mi extraordinaria editora, Katy Koontz, por ser una luz maravillosa, porque es muy fácil trabajar contigo y por todo lo que me has ayudado en este proyecto. Eres un ángel y me siento muy agradecida por tu siempre astuta comprensión de lo que intento decir.

Gracias a Patty Gift de Hay House, porque es una verdadera delicia colaborar contigo. Me siento conmovida y honrada por tu apoyo y tu interés en mi trabajo. Por todo ello, gracias.

Gracias a Tina Kapadia y su fantástica familia, que nos abrieron sus corazones y su casa a Danny y a mí. Gracias por vuestra generosidad, por compartir vuestras vidas con nosotros y por hacernos sentir en casa en un país extranjero.

Gracias a mi querido amigo Jason Garner y a su increíble mujer, Christy, que nos dejaron su casa a Danny y a mí mientras estábamos entre dos continentes; gracias por vuestra hospitalidad, pero también por todas las estimulantes conversaciones y charlas frente a la chimenea. Estoy deseando que surja la oportunidad de tener más.

Gracias a mi magnífico superequipo, que son todos unos verdaderos ángeles. Son quienes trabajan conmigo entre bambalinas, quienes mantienen todos los engranajes en funcionamiento y todos van mucho más allá de lo que les exige el deber: primero, gracias a mis dos asombrosas ayudantes, Roz Brooks y Milena Joy Morris. También un agradecimiento especial a Rita Pape, Ted Slipchinsky, Kathi Blinn, Loreto Torres, Tammy Holmes Short, Angelika Farrell, Sandra Gee, Ravinder Basi, Rick Burr, Richard Machin y Sandy Shriver. Gracias a todos y cada uno de vosotros por todo lo que habéis hecho y seguís haciendo para que la maquinaria siga yendo como un reloj.

Gracias a mi querida amiga Renu Malani, por hacer que todas mis visitas a casa estén llenas de risas e inteligencia y por colaborar en la conspiración que supone mi viaje para demostrar que la «iluminación» se puede lograr a través del humor, la diversión y el chocolate. Te quiero, amiga.

Y, finalmente, gracias a mi maravillosa familia: mi hermano Anoop, que es una de las personas más importantes de mi vida (no hay palabras para trasmitir lo que significas para mí), y su familia, Mona y Shahn. Y gracias también a mi querida madre, cuyo amor siempre ha sido inquebrantable e incondicional, y a mi fantástico suegro, cuyo apoyo ha sido tan importante. Y por último, pero no menos importante, gracias a mi amado Danny. Es una absoluta alegría compartir este mundo, esta realidad tiempo-espacio y esta existencia contigo y supone una verdadera bendición tenerte en mi vida. Te quiero hasta la eternidad y más allá. Eres la razón que hay detrás de todo lo que hago, el viento bajo mis alas.

Esta sección no estaría completa sin que le dedique mi más sincero agradecimiento a mi querido Wayne Dyer. No hay palabras para expresar la gratitud que siento, Wayne, por compartir conmigo tu plataforma y por sacarme a la luz pública. Sin ti y sin la intervención divina que propició que nos encontráramos, este libro no existiría y seguramente no estaría haciendo lo que hago ahora. Gracias por ser mi faro y por guiarme hacia el rumbo más perfecto, mucho antes incluso de que yo supiera que esto era lo que estaba destinada a hacer. Sé que puedes oírme y que sigues guiándome desde el otro reino. Te quiero, amigo mío.

También me gustaría daros las gracias a todos vosotros, los que tenéis este libro entre las manos, así como a todos los que me escribisteis tras leer mi primer libro. Gracias por todo el apoyo, por las cartas, por la marea de amor. Sin vosotros no estaría aquí hoy. Y estad atentos: ya siento que tengo otro libro dentro de mí.

Biografía de la autora

ANITA MOORJANI ES LA AUTORA SUPERVENTAS según el *New York Times* del libro *Morir para ser yo* (publicado por Gaia Ediciones en 2012), un relato sobre su batalla de casi cuatro años contra un cáncer que culminó en 2006 con una fascinante y conmovedora experiencia cercana a la muerte, que cambió drásticamente su perspectiva de vida. El libro, que entró en la lista de los más vendidos a las dos semanas de su publicación y permaneció en ella nueve semanas, ha sido traducido a 45 idiomas y ha vendido más de un millón de ejemplares en todo el mundo. En febrero de 2015 Scott Free Productions (propiedad del mundialmente conocido productor de Hollywood Ridley Scott) compró los derechos para hacer un largometraje con la historia de *Morir para ser yo*.

Ahora, ya completamente curada del cáncer, Anita viaja por todo el mundo impartiendo charlas, talleres y conferencias y participando en ciertos acontecimientos especiales donde comparte los profundos conocimientos que aprendió en el otro reino. La entrevistan regularmente en varios programas de televisión de todo el mundo y en horarios de máxima audiencia: ha aparecido en *Anderson Cooper 360w* de la CNN, en las noticias de la cadena Fox, en *The Jeff Probst Show*, en el canal de National Geographic y en el programa *Today* en Estados Unidos, y también en *The Pearl Report* en Hong Kong y en *Headstart* con Karen Davila en Filipinas, entre otros.

Anita nació en Singapur, pero sus padres son indios. Cuando tenía dos años su familia se mudó a Hong Kong, donde creció. Gracias a su origen y su educación en un colegio británico, es multilingüe: habla inglés, cantonés y un dialecto indio desde pequeña y más adelante aprendió francés. Antes de convertirse en escritora y conferenciante, Anita trabajó en el mundo de la empresa durante muchos años.

Anita y su marido Danny se mudaron hace poco tiempo a Estados Unidos desde Hong Kong.

Si quieres visitar su página web, dirígete a:

www.anitamoorjani.com

Gaia ediciones

MORIR PARA SER YO

Mi viaje a través del cáncer y la muerte hasta el despertar y la verdadera curación

ANITA MOORJANI

Prólogo Del DR. WAYNE W. DYER

Un relato esclarecedor de lo que nos aguarda tras la muerte y el despertar final. Uno de los testimonios espirituales más lúcidos y poderosos de nuestro tiempo.

LA LIBERACIÓN DEL ALMA

El viaje más allá de ti

MICHAEL A. SINGER

Best seller del New York Times que destila la esencia de las grandes tradiciones espirituales; una inspiradora meditación sobre las ataduras de la condición humana y sobre cómo desprendernos de los bloqueos que nos aprisionan.

PODER GRACIA LIBERTAD

La fuente de la felicidad permanente

DEEPAK CHOPRA

¿Quén soy?... ¿De dónde vengo?... ¿Adónde iré cuando muera?... Chopra se inspira en la antigua filosofía del Vedanta y en los descubrimientos de la ciencia moderna para ayudarnos a comprender y experimentar nuestra verdadera naturaleza, que es un ámbito de consciencia pura.

Gaia ediciones

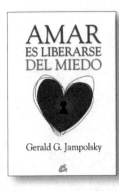

AMAR ES LIBERARSE DEL MIEDO

GERALD G. JAMPOLSKY

Amar es liberarse del miedo ha servido de guía a millones de lectores en el camino de la autosanación gracias a la profundidad, el poder y la sencillez de su mensaje. Abraza sus palabras con una mente abierta y un corazón decidido y permite que ellas te dirijan a una vida en la que la negatividad, la duda y el miedo se sustituyen por optimismo, alegría y amor.

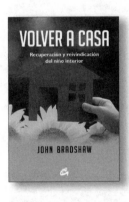

VOLVER A CASA

Recuperación y reivindicación del niño interior

JOHN BRADSHAW

Volver a casa es la obra en la que se expone dicho método como un conjunto bien ordenado de pautas y técnicas que permiten averiguar si en algún momento de nuestro pasado sufrimos una herida limitante, y aprender el modo de reconectar y recuperar de forma gradual y eficaz los recursos, las energías y la motivación que quedaron extraviados en la infancia.

MEMORIAS DEL CIELO

Recuerdos asombrosos que los niños conservan del mundo espiritual

WAYNE DYER & DEE GARNES

En nuestra primera infancia todos somos almas recién llegadas al planeta, por lo que todavía conservamos en la memoria parte de la sabiduría propia de aquellos planos de existencia desde los que procedemos. Esta obra es la prueba de los niños pequeños rememoran acontecimientos asombrosos del mundo espiritual.